LES ACCIDENTS

SUR LES

CHEMINS DE FER FRANÇAIS

DANS LEURS RAPPORTS

AVEC LES AGENTS DE LA TRACTION

Surmener Mécaniciens et Chauffeurs,
c'est préparer des catastrophes.
(Enquête officielle de 1853.)

PARIS

ARMAND LE CHEVALIER, ÉDITEUR

61, RUE DE RICHELIEU, 61

1872

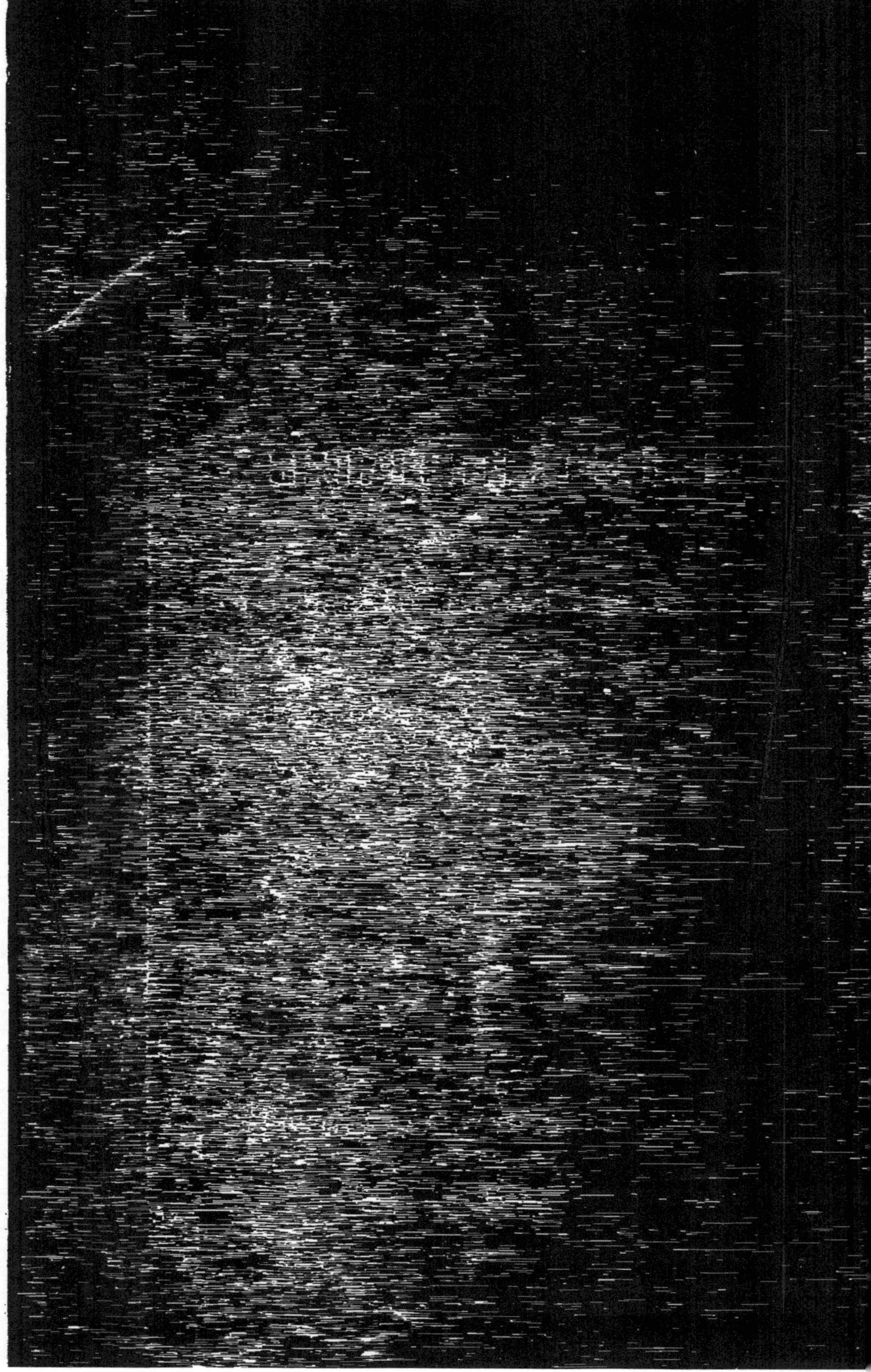

LES
ACCIDENTS

SUR LES

CHEMINS DE FER FRANÇAIS

DANS LEURS RAPPORTS

AVEC LES AGENTS DE LA TRACTION

PÉTITION

DES MÉCANICIENS ET CHAUFFEURS

A L'ASSEMBLÉE NATIONALE

> Surmener Mécaniciens et Chauffeurs, c'est
> préparer des catastrophes.
>
> *(Enquête officielle de 1855.)*

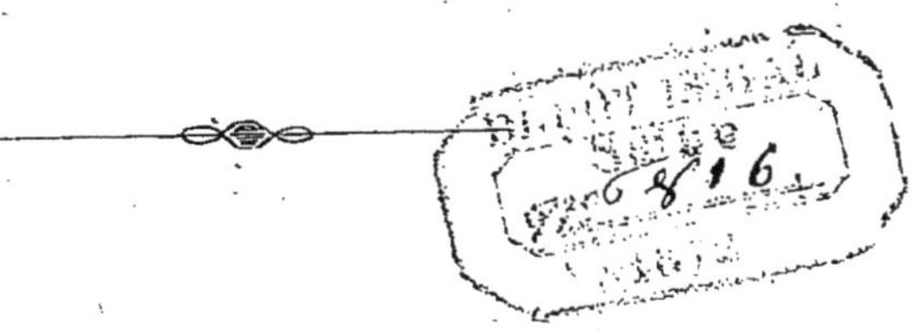

PARIS

ARMAND LE CHEVALIER, ÉDITEUR

61, RUE DE RICHELIEU, 61

—

1872

Nous sommes heureux de témoigner ici toute notre reconnaissance à la presse française. C'est une grande consolation pour nous de voir notre si juste cause défendue par les hommes les plus éminents du Corps législatif et du Barreau. Du fond du cœur à tous, merci !...

*A Messieurs les Membres de la Commission parle-
mentaire de l'enquête sur le sort des classes
ouvrières.*

*A Messieurs les Membres de la Commission
d'enquête sur le régime général des Chemins de
fer.*

Messieurs les Députés,

Les classes ouvrières qui souffrent et luttent avec le
plus de courage, ont le ferme espoir d'attirer spécialement votre bienveillante attention dans la vaste enquête
qui vous est confiée par l'Assemblée.

Permettez-nous de placer dans cette catégorie les mécaniciens et chauffeurs, les seuls salariés peut-être qui,
dans les circonstances les plus cruelles, n'aient jamais
voulu recourir à la grève, certains que justice leur serait
plus ou moins tardivement rendue. Il ne saurait, en effet,
en être autrement, leur intérêt particulier étant étroite-
ment lié à l'intérêt public, dont la sauvegarde vous appartient.

Convaincus qu'ils éveilleront chez vous des sentiments de vive sollicitude, et qu'ils devront à votre
intervention les légitimes concessions qu'ils réclament
depuis longtemps et infructueusement des Compagnies,

ils ont l'honneur de vous soumettre, dans le travail ci-après, l'exposé de leurs besoins. Ils y ont joint les résultats de leur expérience sur les modifications à introduire dans le service des chemins de fer, pour assurer autant que possible la sécurité des transports.

On leur a dit que l'Assemblée, dans ses projets de réorganisation des forces nationales, a l'intention de leur donner un poste d'honneur, par la création de wagons blindés. Vous verrez, dans ce fait, une raison de plus pour accorder une juste attention à l'exposé de leurs griefs.

Ils croient devoir plus particulièrement vous signaler le travail véritablement excessif auquel ils sont assujettis, travail qui excède les forces physiques de l'homme le plus robuste et compromet chez eux des facultés dont la moindre altération peut exercer une influence funeste sur la sécurité des voyageurs.

Il y a une dizaine d'années environ, leur situation était incontestablement meilleure. On ne leur imposait pas notamment un service aussi pénible, et leur rémunération était plus en rapport avec les exigences si nombreuses, si variées de ce service. Aussi, à cette époque, la plus parfaite harmonie régnait entre eux et leurs chefs, animés alors, pour les agents de la traction, de sentiments sympathiques dont ces derniers étaient touchés.

Pourquoi cette situation a-t-elle changé? Pourquoi le travail matériel, pourquoi la responsabilité des mécaniciens et chauffeurs ont-ils été aggravés en même temps qu'on a fait subir à leurs salaires une réduction imméritée?

C'est que ces mêmes chefs ont été, depuis, directement intéressés, par des allocations spéciales, dans les économies sur les frais de traction.

Quoi ! c'est lorsque le prix de la vie s'est notablement accru, quand les conditions d'existence se sont aggravées pour toutes les classes de la société, et particulièrement pour les classes ouvrières, — moins en mesure que toutes les autres de faire face aux difficultés résultant du renchérissement général, — c'est dans un pareil moment que les Compagnies ont cru devoir diminuer le maigre salaire des hommes auxquels elles confient la vie de millions de voyageurs !...

On a parlé de nos exigences, de nos prétentions excessives. C'est une fausse allégation ; nous avons toujours été les hommes de la conciliation ; et, malgré nos différends avec les Compagnies, notre zèle, notre dévouement ne leur ont jamais fait défaut, même dans les circonstances les plus périlleuses.

En fait, notre situation est des plus pénibles. Nos forces s'usent rapidement ; notre santé subit de promptes et irréparables atteintes ; le repos le plus nécessaire nous est défendu ; les joies de la vie en famille nous sont impitoyablement refusées ; nous n'entrons guère, en effet, dans nos modestes ménages que pour y prendre en toute hâte nos repas et dormir quelques heures à peine.

Ce régime peut-il se prolonger indéfiniment ? N'y a-t-il pas là une question d'humanité ? Faut-il que toute une classe d'ouvriers, et d'ouvriers auxquels incombe la plus lourde, la plus grave des responsabilités, d'ouvriers, qui par leurs connaissances spéciales, par la réunion des aptitudes les plus diverses, apportent le concours le plus efficace au développement de la richesse publique, en dirigeant, en assurant un immense mouvement d'échanges, — faut-il que ces ouvriers, par une continuité

de fatigues surhumaines, par une dépense immodérée de
forces physiques et intellectuelles, soient condamnés à
des infirmités précoces, à une vieillesse prématurée ?

C'est ce que vous aurez à examiner, Messieurs, et nous
remettons avec une entière confiance notre sort entre
vos mains.

L'exposé de notre déposition dans l'enquête que vous
avez été chargés d'ouvrir, comporte les 12 divisions ci-
après :

1er Chapitre. Du travail et de la durée du service.

2e Chapitre. Des congés.

3e Chapitre. Du déplacement.

4e Chapitre. De la charge des machines.

5e Chapitre. De la vitesse des machines et du temps
gagné ou perdu dans les parcours.

6e Chapitre. Du personnel.

7e Chapitre. Des réprimandes.

8e Chapitre. Des salaires.

9e Chapitre. Des retraites.

10e Chapitre. Du service médical.

11e Chapitre. De la responsabilité des Compagnies et
de la nécessité d'un tribunal arbitral.

12e Chapitre. De la réorganisation du service, au point
de vue de la sécurité publique.

13e Chapitre. Procédés respectifs des Compagnies, des
mécaniciens et des chauffeurs.

ACCIDENTS

SUR LES

CHEMINS DE FER FRANÇAIS

DANS LEURS RAPPORTS

AVEC LES AGENTS DE LA TRACTION

CHAPITRE PREMIER

Du travail et de la durée du service.

Dans tous les états manuels, l'ouvrier est arrivé à obtenir la limitation de la durée de son travail quotidien. Les mécaniciens et chauffeurs des chemins de fer sont les seuls qui n'aient pas encore été admis à bénéficier de cette amélioration générale du sort des classes ouvrières.

Il est cependant incontestable que, pour assurer un service dans lequel la sécurité publique est si profondément intéressée, il serait nécessaire d'assurer à ces agents au moins un repos équivalant à la durée de leur travail.

Si la machine peut donner sans réparation un travail plus ou moins prolongé, plus ou moins satisfaisant, il n'en saurait être de même de l'homme, qui obéit, pour sa conservation, à des lois physiologiques d'une observation rigoureuse. Aussi, lui appliquer *des moyennes*, en d'autres termes, lui dire que, s'il n'a pas aujourd'hui le repos qui lui est nécessaire, il en jouira demain ou après-demain, de telle sorte qu'au bout de l'année, il aura eu un nombre de journées de repos suffisant, — c'est à la fois une dérision et une cruauté...

En définitive, que demandons-nous ?

Le moyen de conduire, avec la plus grande somme de sécurité possible, les millions de voyageurs qui nous sont confiés. Que nous faut-il pour atteindre ce but... ? Des temps d'arrêt, qui, dans notre laborieuse tâche, nous permettent de retrouver, grâce à un repos réparateur régulier, la plénitude de nos facultés, la pleine possession de nous-mêmes. Tout homme familier avec ce redoutable engin qui s'appelle la *locomotive*, sait parfaitement que sa conduite exige une présence d'esprit, un sang-froid, une attention imperturbables; la moindre interruption de cette vigilance continuelle peut avoir les conséquences les plus graves.

Voici maintenant l'effet que produit l'excès de travail sur les mécaniciens et chauffeurs. Leur cerveau s'alourdit par degrés; leurs yeux, fatigués par le courant d'air et par les acides que contient le combustible, ne peuvent qu'à grand'peine, surtout la nuit, distinguer les signaux et en calculer la distance. Ils cherchent cependant à s'en rendre compte de leur mieux, en conservant toujours la même marche, de manière à ne pas perdre de temps, les règlements leur infligeant une amende de 0,40 c. à 1 fr. par minute de retard ou d'avance. Mais il vient un moment où leur vue, constamment fixée et avec anxiété sur le signal qu'ils aperçoivent, s'affaiblit sensiblement. Par un effet d'optique résultant de cet affaiblissement, l'obstacle qu'il indique leur paraissant plus éloigné qu'il ne l'est en réalité, ils n'ont pas le temps de l'éviter.

Les enquêtes sur les causes des accidents les ont souvent attribués à la négligence ou à l'inattention du mécanicien, tandis que ce dernier a fait en réalité les plus grands efforts pour triompher, dans l'intérêt de son service, de la fatigue qui l'accablait.

Les intempéries viennent s'ajouter à ces causes ordinaires d'épuisement du mécanicien, en ce sens que les grands froids et les fortes chaleurs atténuent notablement le jeu de ses organes.

MM. les ingénieurs de la traction tiennent peu compte de ces défaillances inévitables de la nature humaine; leur tendance manifeste est de confondre l'homme avec la machine et de lui appliquer les mêmes règles.

Ce qui leur importe avant tout, c'est d'obtenir la plus grande somme de travail au moindre prix possible, et cela se comprend si l'on songe qu'ils reçoivent des gratifications proportionnelles à la solution plus ou moins satisfaisante qu'ils ont pu donner à ce difficile problème.

Nous sommes heureux de mentionner ici des circulaires ministérielles qui établissent nettement la nécessité, dans un intérêt de sécurité publique, d'assurer aux agents de la traction un repos en rapport avec la limite naturelle des forces humaines.

Le 3 octobre 1856, M. le ministre des travaux publics adressait à MM. les administrateurs des chemins de fer la circulaire suivante :

« La durée du travail journalier doit être toujours en rapport avec le degré de fatigue ou d'attention qu'exige la nature de chaque fonction. Le service trop prolongé peut créer des dangers pour l'exploitation. Cette observation est surtout essentielle pendant la durée de la mauvaise saison. Elle doit s'appliquer plus particulièrement aux gardes, aux aiguilleurs, aux mécaniciens et aux chauffeurs, dont la ponctualité et la présence d'esprit sont indispensables pour assurer la sécurité de la marche des trains. J'appelle toute votre attention sur ce point important. »

Neuf ans plus tard, le 9 mai 1865, le ministre de l'agriculture, du commerce et des travaux publics adressait la circulaire suivante aux ingénieurs en chef du contrôle relativement au travail journalier des mécaniciens et chauffeurs :

« Des réclamations se produisent fréquemment au sujet du travail excessif qui serait imposé aux mécaniciens et chauffeurs sur les chemins de fer ; on attribue généralement à ce travail trop prolongé la plupart des accidents que nous avons à regretter.

« Je vous prie de me faire connaître, aussi exactement que possible, quelle est la durée du service quotidien de ces agents, en spécifiant le nombre d'heures qu'ils passent en route ou dans les dépôts avant de rentrer dans leur domicile, et le temps de repos qui leur est accordé entre deux voyages.

« Vous voudrez bien remarquer, d'ailleurs, que ces renseignements ne doivent pas consister purement et simplement en une moyenne, attendu qu'une semblable indication ne ferait pas suffisamment ressortir le maximum de durée du travail des mécaniciens et chauffeurs. Or, c'est précisément ce maximum qu'il m'importe de connaître, et, à cet effet, j'ai besoin des chiffres précis résultant des ordres de service. »

Le travail effectif des ouvriers mécaniciens et chauffeurs, conducteurs de machines au chemin de fer, commence une heure avant le départ du train qu'ils doivent conduire.

Des retenues sur leur salaire sont opérées dans les cas de retards ci-après :

		1re infr.	1re récid.	2e récid.
Arrivé au dépôt 45¹ seulement avant l'heure du train.		2 fr.	3 fr.	4 fr.
»	30¹	4 fr.	6 fr.	8 fr.
»	15¹	6 fr.	9 fr.	12 fr.

Le travail effectif ne finit qu'au moment du garage définitif de la machine dans son dépôt, c'est-à-dire une heure environ après l'arrivée du train en gare.

Le seul moyen d'assurer aux mécaniciens et chauffeurs une rémunération proportionnelle à leur travail et de prévenir en même temps des abus qui compromettent la sécurité publique, serait de fixer la durée de leur service à dix heures, comme dans la plupart des industries, avec cette condition que, sauf les cas de force majeure, elle ne pourrait excéder quatorze heures.

On serait certain d'obtenir l'exacte exécution de cette mesure de sécurité pour tous en adoptant le système appliqué par M. Buddicum, de 1842 à 1860, sur la ligne de Normandie : au delà de onze heures de travail, payement de chaque heure comme d'une heure et demie, et proportionnellement au chiffre du salaire. Ajoutons que M. Buddicum, d'accord, sur ce point, avec l'esprit de la circulaire ministérielle du 9 mai 1865, ne connaissait de repos véritable que celui qui était pris à domicile.

Le contrôle de la durée du service pourrait se faire par la remise aux mécaniciens et chauffeurs d'un livret, sur lequel les heures d'entrée et de sortie seraient inscrites par les chefs de dépôt.

Avec ce système, plus de contestations possibles sur la durée du travail effectif, et, en même temps, contrôle incessant et journalier de l'administration sur cette durée, dont l'excès est trop souvent la cause des catastrophes qui se multiplient de nos jours.

Les heures de présence supplémentaires au service étant payées comme celles des ouvriers dans les ateliers, MM. les ingénieurs n'auraient aucun intérêt à prolonger la durée du travail au détriment d'un repos d'où dépend la sécurité publique.

Aujourd'hui, avec le principe du salaire mensuel, si l'on prend pour base la journée de travail de dix heures, les mécaniciens arrivent à faire quarante-cinq jours de présence au chemin de fer dans le courant d'un mois.

C'est une habitude tellement bien prise dans ce sens, que les chefs de dépôt ne se font pas scrupule de faire repartir les mécaniciens et chauffeurs au moment où ils arrivent, exténués de fatigue. Si le mécanicien fait des observations, la question de refus de service est immédiatement posée, et elle entraîne la perte d'une position laborieusement conquise.

Citons en passant, et sous forme de parenthèse, une preuve de la déplorable facilité avec laquelle les compagnies attentent ainsi aux droits les mieux acquis des agents de la traction. Permettez-nous, messieurs les députés, de soumettre à ce sujet quelques faits à votre appréciation.

Le mécanicien Aparicio, de la Compagnie d'Orléans, qui a été employé par M. le ministre de la guerre à conduire des wagons blindés et à transporter à Versailles des troupes et (du matériel, Aparicio a signé la pétition des mécaniciens à M. le ministre des travaux publics, dont il sera question plus loin. Il est révoqué le 28 juillet 1871. Mais comment signifier une mesure aussi rigoureuse à un agent si méritant? comment la justifier? La Compagnie recourt à l'expédient que voici. On le garde dans son emploi jusqu'au 23 août; dans cet intervalle, on double son service; on ne lui laisse prendre aucun repos; pendant ces vingt-cinq jours, il lui est imposé un travail plus considérable qu'il n'en avait eu en cinquante jours avant l'incident qui a amené son renvoi.

Aparicio redouble d'énergie. Comprenant l'intention de ses chefs, il ne laisse échapper aucune plainte; il exécute ponctuellement les ordres qu'il reçoit. Désespérant de lui arracher une observation qu'il puisse interpréter comme un refus de service, le chef de dépôt se décide à lui remettre sa révocation.

Mais la Compagnie d'Orléans est plus heureuse vis-à-vis d'autres mécaniciens.

Le mécanicien Merlu, du dépôt de Bordeaux, vient de faire le trajet de Bordeaux à Angoulême (soit 10 heures de travail) pour le service des marchandises. On lui donne l'ordre, après deux ou trois heures de repos, de prendre le train 959 qui part le matin à 6 h. 10 d'Angoulême et arrive à Bordeaux à 4 h. 14 du soir. Son travail finit à 5 h. 14. Il revient au dépôt à minuit pour prendre le train 958 et partir à 1 h. 30. Arrivé à Angoulême à 8 h. 8, il reçoit l'ordre, après avoir consacré une demi-heure à son repos, de reprendre le train 571 pour Bordeaux. A cette nouvelle injonction, il ose dire à son chef qu'il a besoin de quelques heures de repos, que son œil n'est plus assez sûr pour voir les signaux, ni sa main assez ferme pour conduire son train, que six heures à peine de repos, intercalées dans plus de quarante heures de travail excessif, sont insuffisantes, qu'il y va de la sécurité des voyageurs et de l'intérêt de la Compagnie, dont la responsabilité peut être invoquée pour le fait d'avoir confié une machine à un homme exténué comme il l'est, surtout avec un train ayant des arrêts et des manœuvres dans toutes les gares.

Le chef de dépôt ne fait aucune réponse, appelle un autre mécanicien et quelques jours après, Merlu est révoqué pour refus de service!...

AUTRE FAIT

Le 5 janvier 1872, le mécanicien Ducret, du dépôt de L

Vaise, a été *descendu de classe* (c'est l'expression consacrée quoique peu française) pour n'avoir pu remorquer le train n° 613 (11 décembre 1871) à la gare d'Amplepuis.

Voici dans quelle circonstance :

Sur un travail de 66 heures, il n'a eu que dix heures de repos, et s'est vu obligé de suppléer, pendant toute la durée de ce pénible service, à la complète incapacité d'un nettoyeur qu'on lui a donné comme auxiliaire chauffeur. Accablé de fatigue, il n'a pu se réveiller pour mettre sa machine en bon état. Le train 613, qu'il devait remorquer en double traction, arrive néanmoins sans retard à sa destination ; le service n'a donc pas souffert. N'importe ! Il est *descendu de classe* pour n'avoir pu dompter les lois de la nature.

On lit dans le compte rendu d'un incident survenu sur le chemin de fer de Paris à Lyon (*service de Montereau*) :... La durée du travail effectif a été de 30 h. 35 sur 48 h. 25 (*travail et heures libres*). Il est donc resté 11 h. 55 pour les repas et le repos (1).

Voici au surplus l'incident :

La machine du train 1024 vient d'être garée au dépôt de Paris ; il est 8 h. 55 ; le mécanicien et le chauffeur doivent être présents à 11 h. 30 pour partir à minuit 30. Ils ont dû manger à la hâte et se reposer au dortoir (2) pour ne pas s'exposer à s'endormir sur leur machine, ce qui eût été presque inévitable à la suite du travail pénible qu'ils ont fait depuis deux jours et deux nuits. Ils commettent l'imprudence de ne pas se réveiller. Les chauffeurs de nuit, le sous-chef de dépôt, qui se sont reposés le jour, oublient le train n° 1007 que doivent conduire les agents endormis. Le train part avec un retard de 45 minutes, qui sont regagnées dans la marche, et arrive à l'heure à destination. Quatre jours plus tard, des affiches dans le dépôt de Montereau signalent des retenues de 5 francs sur le salaire du mécanicien et de 3 francs sur celui du chauffeur !...

Le même incident se reproduit plus tard à Montereau (10 francs d'amende). Le mécanicien ayant adressé une réclamation à l'ingénieur, celui-ci persiste dans l'application de la punition, alléguant que les dortoirs sont établis pour se reposer et non pour dormir (3).

Sont-ce là les repos véritables auxquels fait allusion M. l'ingé-

(1) Le travail s'aggrave *quand les trains ont du retard,* ce qui arrive fréquemment.

(2) Dont la plupart sont des foyers d'infection.

(3) Au service des voyageurs du dépôt de Paris (P. L. M.), les mécaniciens et chauffeurs ont un roulement organisé de telle sorte qu'ils passent neuf nuits sans se déshabiller. Si l'on entrait, la nuit, dans les dortoirs, on serait édifié sur leurs conditions hygiéniques !...

nieur Marié, quand il affirme qu'ils sont établis en nombre suffisant sur les roulements de brigade?

AUTRE FAIT.

Un chauffeur de 2ᵉ classe, du dépôt de Marseille, prend (janvier 1872) le service des manœuvres le mardi soir à 7 heures comme mécanicien; le mercredi, il le quitte à 9 heures du matin; à midi, on le fait partir pour Arles comme chauffeur sur un train de marchandises; il rentre le jeudi à 4 heures du matin, n'ayant eu que le temps de manger à Arles, garé son train à Marseille, charge sa machine de combustible et d'eau et la ramène au dépôt. Il est six heures quand il arrive chez lui. A dix heures, on l'envoie chercher pour faire le service de la Joliette comme mécanicien. Il le continue jusqu'à six heures du soir; soit en 48 heures, 44 *heures de service*... et 4 heures pour manger et se reposer.

Nous arrêtons à ce dernier fait une énumération que nous pourrions continuer longtemps encore. Maintenant, que l'on étudie les roulements, que l'on calcule les chances de retard et on trouvera une durée de travail exorbitante en regard d'un repos manifestement insuffisant.

CHAPITRE II

Congés.

Nous demandons le retour à l'ancienne organisation qui nous accordait *trois jours de congé par mois*. Les agents du service sédentaire se reposent les dimanches et jours de fêtes; ils ont, en outre, douze congés par an. Les mécaniciens et chauffeurs, dont le service est si pénible, n'ont qu'à grand'peine douze jours de congé par an. La Compagnie d'Orléans, plus favorable à leurs intérêts, leur accorde régulièrement trois jours de congé par mois.

En quoi consiste le repos après un travail des plus fatigants, si ce n'est dans la faculté de consacrer quelques instants, toujours trop courts, aux joies et aux soins de sa famille?

Au moment même où, dans la réorganisation de notre armée, on prend les mesures nécessaires pour assurer autant que possible le bien-être moral et matériel du soldat, nous laissera-t-on, à nous soldats de l'industrie, placés aux postes les plus périlleux, nous laissera-t-on indéfiniment sous un régime de fer qui nous assimile à la machine que nous montons ?

La plupart des Compagnies accordent à notre pénible labeur le soulagement de congés; faites, Messieurs, que la mesure devienne générale pour tous les réseaux.

CHAPITRE III

Des déplacements.

Lorsque des agents sont déplacés pour un certain nombre d'heures, on leur accorde habituellement une indemnité. Dans plusieurs services du chemin de fer, il suffit d'une absence de deux ou quatre heures pour y avoir droit. Les besoins du chauffeur déplacé étant les mêmes que ceux du mécanicien, nous demandons que l'indemnité de déplacement soit fixée indistinctement à 3 francs, après 16 heures d'absence; à 4 fr. 50 après 24 heures; à 6 francs après 32 heures, et qu'elle continue à être payée quand l'arrêt au dépôt de l'agent n'excède pas une heure.

Aux termes des règlements, l'indemnité de déplacement est due seulement pour une absence du dépôt d'au moins 16 heures, de telle sorte que, si le mécanicien absent, par exemple, depuis 14 heures du dépôt, vient à y rentrer pour procéder à l'arrangement de sa locomotive et repartir aussitôt après, puis rester encore en service pendant une période de 14 heures, il ne reçoit aucune indemnité sous le prétexte qu'*il est rentré au dépôt*.

Mais il n'a pas eu le temps de prendre son repas chez lui; mais, à peine a-t-il eu quelquefois le temps de mettre sa machine en état, n'importe !... Aussi les mécaniciens n'ont-ils pas pleinement raison en demandant que l'indemnité de déplacement soit acquise et continue à être payée tant que l'arrêt au dépôt n'excédera pas une heure !...

Nous demandons aussi que la durée du déplacement soit comptée de l'heure du départ d'un train de la gare à l'heure réelle du train en retour.

Les ingénieurs de l'Est et de l'Ouest arrêtent l'indemnité de déplacement sur les roulements sans tenir compte de retards qui nécessitent un surcroît de dépenses et de fatigues, et ne proviennent certes pas de la volonté du mécanicien.

CHAPITRE IV
De la charge des machines.

Généralement, quand ils font des expériences sur la puissance des locomotives, nos ingénieurs choisissent le temps le plus favorable et la machine en meilleur état ; c'est d'après les résultats obtenus dans ces conditions un peu exceptionnelles que le service est établi.

Les inconvénients d'un pareil procédé sont évidents. En effet, dans certains états de l'atmosphère ; les machines diminuent de puissance : le froid, par exemple, ralentit la vaporisation, le brouillard et la pluie diminuent l'adhérence, le vent accroît la résistance, etc., etc.

De là une cause incontestable d'insécurité, si, par exemple, le train est chargé de telle sorte que le mécanicien ne puisse que par des efforts incessants obtenir la vitesse réglementaire. Il conviendrait donc de réduire la charge de certains types de machines, si l'on ne veut pas voir se reproduire, malgré les plus grandes précautions de toute autre nature, les accidents qui ont affligé le pays et *tendent à s'accroître*. En effet, quand on compare, au point de vue de leur fréquence, les deux périodes 1849-1860 et 1860-1871, on vérifie qu'ils ont été plus nombreux pendant la seconde que pendant la première et on doit nécessairement en chercher la cause dans un vice d'organisation.

Dans ses notes sur notre pétition au ministre, M. Marié, ingénieur en chef de la traction de Lyon à la Méditerranée, assure, en ce qui concerne les charges, « qu'elles sont aujourd'hui ce qu'elles étaient autrefois... »

Le matériel de locomotion du réseau P.-L.-M., — à part quelques machines à marchandises et cinquante machines du système P.-O., récemment construites, — a été établi pour remorquer des charges bien inférieures à la puissance qu'on lui demande aujourd'hui.

En fait, on a augmenté d'un tiers la charge de toutes les machines et accru ainsi le travail du mécanicien. Cet accroissement, dit-on, a eu pour bases les résultats des services effectués sur Rhône et Loire pendant plusieurs années.

L'ingénieur Marié aurait dû mentionner aussi les expériences du sieur Déloy, à l'occasion desquelles on a touché à l'extrême limite de la témérité et de l'imprudence.

M. Marié invoque les charges de Rhône et Loire. Mais il importe de dire que, grâce au type des machines (sorties non des ateliers de Lyon, mais de la maison Cail), il est permis de marcher, sur cette section, dans des conditions extra-réglementaires.

Des mécaniciens de Paris envoyés à Saint-Etienne pendant le siége ont d'ailleurs affirmé (ceci est grave) que, si le service du contrôle se faisait régulièrement sur cette section, des changements considérables devraient être nécessairement introduits dans le service de la traction.

On comprend ainsi pourquoi l'ingénieur n'a pas cru devoir faire de notes sur ce paragraphe de la pétition des mécaniciens : « En même temps qu'on augmentait les charges, on supprimait les entre-toises qui empêchaient de surcharger les soupapes de sûreté au-dessus du timbre de la chaudière, pour remorquer les nouvelles charges ; on a favorisé ainsi les cas d'explosion ! »

M. Marié reconnaît que les charges ont été calculées dans l'hypothèse d'un bon temps et d'un bon rail ; il ajoute qu'il s'est réservé de les diminuer par des réductions progressives. Ce que nous pouvons assurer, c'est que, sur la première section de P. L. M., et peut-être sur d'autres, cette bonne pensée ne s'est pas encore réalisée.

Quant aux ingénieurs de la traction, ils ne connaissent que l'amende lorsque les mécaniciens s'avisent d'alléger leurs charges, et cependant ce n'est qu'à la dernière extrémité, c'est-à-dire quand ils reconnaissent l'impossibilité de conduire leurs trains réglementairement, que ces derniers se décident à en agir ainsi. Punis sévèrement alors même qu'ils peuvent justifier qu'ils n'ont obéi qu'à un cas de force majeure, ils se résignent le plus souvent à tenter l'impossible pour arriver, et cela au détriment de la sécurité.

Comment peut-on concilier les notes de l'ingénieur Marié avec ses actes, quand il dit : « Si l'excès de charge est une cause d'insécurité, c'est que le mécanicien n'a pas fait son devoir en ne demandant pas une réduction. »

En entreprenant de répondre à ces notes, nous avons eu l'espoir que le service du contrôle des chemins de fer se déciderait à faire une enquête (1). L'intérêt de la sécurité publique l'exige. Il est temps, en effet, de limiter la responsabilité du mécanicien, toujours victime d'un *service commandé*.

____

(1) Une enquête a été commencée sur le réseau P. L. M., vers le mois de janvier ; mais elle paraît avoir été abandonnée.

Citons quelques faits :

1° Le 25 octobre 1869, le mécanicien Cernesson (machine 1839) partait de Tonnerre avec le train n° 1006 et dix minutes de retard. Par suite de la charge et du brouillard, il perd un temps considérable au démarrage et ne peut le regagner. L'express n° 4, conduit par le mécanicien Maître, est à sa suite, marchant à la vitesse réglementaire de soixante et dix kilomètres à l'heure. Le signal qui précède Saint-Florentin indiquait « voie libre, » le brouillard empêchant de voir à vingt mètres de distance. Maître arrive sur le disque, et bien qu'ayant fait son devoir, pulvérise deux wagons et se perche avec sa machine, sur le troisième. Par une chance toute providentielle, aucun voyageur n'est blessé. C'est en raison de cette circonstance qu'on lui alloue une gratification de 50 francs. (Il s'était aussi servi de la contre-vapeur, dont nous dirons quelques mots, telle qu'elle est appliquée par le sieur Déloy, l'ingénieur des fortes charges.)

2° Dans la nuit du 12 au 13 novembre 1869, le mécanicien Lhuillier partait de la gare de Laroche avec un train composé de 80 wagons. Malgré des efforts extrêmes, il ne réussit pas à obtenir la vitesse réglementaire et à arriver à Sens aux heures prescrites. S'il eût pu *différer* une partie de son train, il en eût été autrement; mais il est infligé des amendes de 10 à 20 francs aux mécaniciens qui agissent ainsi pour ne pas payer des retards. Lhuillier préfère continuer à perdre du temps pour arriver à son garage. Il marchait à une vitesse si faible, que le conducteur de service aurait dû descendre de sa vigie, placer des signaux détonants et protéger son train.

L'express n° 2 (machine 203) qui le suit, est conduit par le mécanicien Lucas, à qui on a adjoint, au départ de Paris, un nommé Cogniet, homme de peine, ignorant le travail de la machine et n'ayant aucune connaissance des signaux.

Fatigué déjà d'avoir été obligé de suppléer à l'incapacité de cet auxiliaire dans le trajet de Paris à Tonnerre et *vice versâ*, il trouve à la gare de Saint-Julien un signal de ralentissement qui réduit sa vitesse de 70 kilomètres, « vitesse normale du train n° 2, » à 35 kil., conformément au règlement.

Continuant à se faire chauffeur en même temps que mécanicien, Lucas ne s'aperçoit qu'à une très-courte distance qu'il est sur le train de marchandises. Faisant aussitôt la manœuvre nécessaire, il peut amortir le choc et éviter une catastrophe. Le conducteur, qui aurait dû protéger son train, est seul blessé, et quelques wagons reçoivent de plus ou moins graves avaries. Fidèles à leur manière de procéder, quand il s'agit de responsabilité, les chefs, pour couvrir le vrai coupable, font descendre Lucas de classe et le signalent à la justice, qui le condamne à quatre jours de prison.

Quel était ce coupable, si ce n'est l'ingénieur qui obligeait le mécanicien à remorquer, avec une machine impuissante, une charge beaucoup trop forte ?

Si le train de marchandises n'eût pas été chargé de manière à ne pouvoir atteindre sa vitesse réglementaire et arriver au garage à l'heure prescrite, l'accident aurait-il eu lieu ?... Le chef de dépôt de Paris n'est-il pas coupable, en outre, quand il adjoint à ses mécaniciens des hommes de peine n'ayant aucune connaissance des signaux et étrangers au travail de la machine ? N'est-il pas coupable, quand, par économie, il oblige ainsi les mécaniciens à se faire en même temps chauffeurs ?

3° Sur le train de marchandises n° 1604, à la sortie du tunnel d'Albespeyre, le conducteur-chef a trouvé le mécanicien et le chauffeur gisants sur leur machine et près d'être asphyxiés... Ces malheureux ont fait l'impossible pour remorquer, avec une machine impuissante, la charge exigée par le règlement du chemin de fer de Lyon. Un trop long séjour sous le tunnel, par le fait de l'impuissance de la machine, a failli occasionner la mort de deux hommes.

4° *Accident Birer* (gare de Saint-Julien-du-Sault) :

Le 9 décembre 1871, le mécanicien Larpent, dépôt de Montereau, conduisait le train de marchandises n° 1014. Craignant d'être puni, il ne demande pas une réduction de charge aux gares de Laroche et Joigny. Qu'arrive-t-il ? C'est que son train a un retard si considérable, que son conducteur-chef, de concert avec le chef de gare de Saint-Julien, croit devoir le garer sur la voie principale n° 1, l'heure d'arrivée du train rapide n° 2 approchant. Quant à l'heure du train des messageries (33), personne n'y songe ! et cependant on vient de mettre un obstacle sur la voie ; cet obstacle, c'est le train 1014 !... Mais au moins la gare de Saint-Julien va-t-elle avertir celle de Villeneuve qu'elle vient d'établir voie unique en garant le train de marchandises sur la voie principale, celle où va venir le train 33 ?... Les agents de cette gare qui ont pu constater que, par un froid de 22 degrés, les signaux s'éteignent, vont-ils prendre les mesures de sécurité pour protéger leur train et empêcher une catastrophe ? Non, ils se chauffent dans un bureau !... Observent-ils le règlement général n° 1 approuvé par décision ministérielle du 28 juillet 1866 ? Nous y lisons cependant (... de l'article 16) ce qui suit : « Le jour et la nuit, en temps de brouillard épais ou de tourmente ne permettant pas d'apercevoir les signaux à main à 100 mètres de distance, et,

la nuit, *lorsque les lanternes ne peuvent rester allumées,* les pétards
doivent être employés comme complément de signaux à main. »

Ces agents connaissent cependant l'article 3 de ce même règlement ainsi conçu: « *L'absence de tout signal indique que la voie est
libre… »*

Le mécanicien Birer, qui conduit le train de messageries, arrive
avec une vitesse d'autant plus grande, qu'il doit se conformer à la
marche prescrite par l'instruction n° 131 de l'ingénieur Marié (le
train étant en retard). Pas de signal à la gare, si ce n'est une plaque
de tôle aussi noire que la nuit. Birer ne voit rien. En attendant les
agents de la gare se chauffent, car il fait un froid rigoureux. Cependant, à une faible distance, le mécanicien aperçoit le sémaphore à
l'arrêt. Encore quelques secondes et une catastrophe est inévitable ;
mais l'imminence du danger le fait redoubler d'énergie : il renverse
la distribution, marche à contre-vapeur, siffle aux freins, reste à son
poste, et attend… la mort ! Grâce à son énergie, il ne fut que mu-
tilé !!…

Au moment même de la collision, les agents en défaut sortent du
bureau. Le malheureux qui vient d'échapper à la mort est immédiatement accusé. « Le signal de la gare, lui dit-on, est à l'arrêt :
vous l'avez dépassé. — Je n'ai rien vu, répond Birer, votre signal
n'est pas éclairé. » Et les agents en gare confirment l'exactitude de
son assertion. Vainement constate-t-il, dans son rapport, que le signal de la gare n'existait pas puisqu'il n'était pas éclairé, et que
tous les signaux doivent l'être la nuit ; l'ingénieur affirme qu'il a
dû voir le signal (éteint avant l'accident); qu'il pouvait ainsi s'arrêter à
temps et éviter la collision, et que, s'il a échappé à la mort, il ne
doit pas échapper à la peine édictée par le règlement. Et, en effet, il
est descendu d'une classe. Il va sans dire que les agents en défaut,
pas plus que l'ingénieur qui impose aux mécaniciens des charges
telles que les machines sont impuissantes à les remorquer réglementairement, ne sont pas inquiétés !!…

Ce n'est pas tout : Birer dégradé est en outre dénoncé à la justice,
et le parquet de Joigny le fait assigner. Abandonné de la Compagnie,
il fait appeler des témoins qui constatent qu'à Saint-Julien, la
nuit de l'accident, il faisait un brouillard épais. Le mécanicien Ferlet
vient témoigner qu'à son passage (train n° 57), deux heures avant
l'accident, le signal de la gare était éteint. Il est donc bien établi
que, contrairement aux règlements, les mesures les plus élémentaires de sécurité ont été oubliées ; que les agents du train 1014
et la gare de Saint-Julien-du-Sault sont en défaut. Et cependant

ce sont ces agents qui sont appelés à témoigner contre Birer !!...

Pour lui, il ne peut se rappeler s'il a sifflé au signal (qui n'existait pas, ni au passage à niveau, dont les barrières sont cadenassées la nuit). « Cependant j'ai dû siffler, dit-il », et des témoins l'affirment ; mais à quoi bon ? — En admettant même que ce sifflet, qui ne diffère en rien, quant au son, de celui du train express dont le passage était attendu, eût éveillé l'attention des agents en défaut, il était trop tard pour éviter l'accident, dont les terribles conséquences ont été très-heureusement atténuées par le courage et l'énergie du mécanicien. Birer ne s'entend pas moins condamner à 50 francs d'amende !

5° *Collision de Villeneuve-sur-Yonne.*

Le 14 décembre 1871, la machine du train 1011 était impuissante à remorquer une charge trop forte en raison de la température. Un homme d'équipe, ignorant les règlements, faisait les fonctions de conducteur. Cette économie mal entendue, dans le nombre des agents compétents, a occasionné une collision avec le train rapide n° 5, qui marchait à grande vitesse sur le train en détresse. Grâce à l'énergie et au sang-froid du mécanicien, une terrible catastrophe a été évitée ; mais quatorze wagons et la machine n° 248, nouvellement construite, ont été mis hors de service. Le mécanicien, frappé d'une congestion célébrale, a été retraité comme atteint d'aliénation mentale. Des agents de la poste ont été aussi grièvement blessés, et on attend la solution de cette affaire dont les tribunaux ont été saisis.

Accident de Villefort (ligne d'Alais à Langogne) :

Le 15 août 1871, le train n° 1604 est remorqué par deux machines, l'une en tête et l'autre en queue. Dans le tunnel d'Albespeyre, un tendeur se casse et la machine de queue est impuissante à retenir le train, qui, malgré les efforts du malheureux mécanicien, est poussé par sa forte charge à l'arrière. La vitesse devient vertigineuse ; huit kilomètres sont parcourus. En gare de Villefort, deux wagons sont sur la voie ; le choc a lieu et des cris terribles se font entendre..... Le mécanicien Charles Martin est broyé, le chauffeur Cortier et le conducteur Jules Fabre sont blessés, le wagonnier Pernest meurt quelques heures après l'accident ; enfin, dix wagons sont brûlés. Le malheur est certainement grand ; mais on frémit quand on pense que ce train pouvait avoir du retard (ce qui lui arrive fréquemment). Dans cette hypothèse, le train de voyageurs n° 722 devait se trouver à Villefort ; il eût été infailliblement écrasé par le train de marchandises. Qu'elle n'eût pas été alors l'immensité de la catastrophe !...

Et sur qui doit retomber la responsabilité de cet accident ? C'est ce que nous allons rechercher ici.

Connaissant les inconvénients de la voie et les dangers résultant des nombreuses rampes qui se trouvent sur le parcours de la ligne, la Compagnie fait accompagner le train de marchandises 1604 par trois wagonniers et deux conducteurs, chargés de serrer les freins en cas de rupture d'attelage. Ceci est une très-bonne, très-prudente disposition, qu'on ne saurait trop louer. Mais était-ce bien suffisant et n'y avait-il pas à prendre une mesure plus radicale?

La ligne d'Alais à Langogne est hérissée de monticules traversés par de nombreux tunnels, fort étroits, très-humides et presque toujours en rampe. L'humidité qui suinte des murs de ces tunnels, tombant en gouttes d'eau sur les rails, fait patiner les machines et ralentit forcément la marche du train, qui se trouve alors perdu dans un nuage de fumée épaisse, fumée dont la sortie est très-lente et très-difficile.

Dans cet état de choses, ne peut-il pas arriver que, lors de l'entrée du train dans ces tunnels, les wagonniers soient contraints de sortir de leur poste (où se trouve leur frein), et de descendre sur le dernier marchepied du wagon en se plaçant une éponge sous les narines, afin de ne pas être asphyxiés par la fumée ?

Si les renseignements qui nous sont fournis sont exacts, et nous avons lieu de les croire tels, ce fait se serait déjà produit.

Quant aux conducteurs, ne doivent-ils pas, eux aussi, pour échapper au danger de l'asphyxie, s'enfermer dans leurs vigies? L'air est, d'ailleurs, tellement raréfié par la fumée, que les lanternes du train sont exposées à s'éteindre.

Dans ces conditions, à quoi sert le surcroît de personnel attaché à la conduite du train ?

Ajoutez à cela que les machines patinant, comme nous l'avons dit plus haut, et n'avançant naturellement qu'avec difficulté (quand elles ne reculent pas), font, pour poursuivre leur route, des efforts capables, en certains cas, d'amener la rupture des chaînes qui lient les uns aux autres les wagons du train. Ce train se coupe alors en deux.

Que cette rupture ait lieu au moment où les wagonniers, chargés de serrer les freins, se trouvent aveuglés et asphyxiés par la fumée répandue dans le tunnel, que peut-il et que doit-il même arriver ? Ceci : que toute la partie de queue du train recule rapidement, sans que rien ne s'y oppose, les wagonniers ne pouvant, dans cette situation, serrer les freins qu'à la sortie du tunnel.

Mais, à ce moment, cette manœuvre s'exécute trop tard, par suite de la vitesse déjà acquise, et alors les accidents, les catastrophes deviennent inévitables. Or, ce serait dans ces conditions, paraît-il, qu'aurait eu lieu l'événement du 25 août.

Le vrai moyen de parer au danger ne serait donc pas d'augmenter le personnel des agents de service des trains de marchandises, mais de ne donner à ces trains que le poids fixé par une seule machine. La locomotive de queue serait ainsi toujours assez puissante pour retenir, en cas de rupture en tête, l'ensemble du train. Oui ; mais cela occasionnerait un surcroît de dépenses, et il est des personnes qui bénéficient directement des économies réalisées dans la traction (gratifications).

Cet intérêt personnel n'est pas, en lui-même, absolument blâmable. Mais il importe que les économies ne se fassent pas, que les bénéfices ne se réalisent pas au détriment de la sécurité publique, au préjudice de la vie des voyageurs et des agents de la traction.

Il est donc nécessaire qu'une sérieuse enquête contradictoire soit faite officiellement par l'autorité compétente sur la catastrophe de la gare de Villefort, afin que, si elle venait à prouver que l'accident est dû à une mauvaise organisation du service, la Compagnie elle-même soit rendue responsable envers qui de droit, c'est-à-dire, non-seulement envers l'État, qui doit punir les ingénieurs ou chefs de traction coupables, mais encore envers les veuves et orphelins laissés par les victimes.

ENCORE UN FAIT, ET CE SERA LE DERNIER.

Le 22 août 1871, le mécanicien Kargel conduisait le train de voyageurs n° 42 (train direct) entre les gares de Vernon et Mantes (Compagnie de l'Ouest).

Son heure de passage réglementaire à la gare de Bonnière est fixée à 11 heures 20 minutes du soir.

En ce moment (la Seine côtoie la ligne ferrée), un brouillard assez intense empêchait le mécanicien d'apercevoir à longue distance la voie et les signaux ; mais, comme les règlements ne tiennent aucun compte des variations atmosphériques, et que, sous peine d'amende, le train n° 42 devait arriver aux heures prescrites, il marchait à grande vitesse (1).

Le train qui précédait celui du n° 42 était rempli de soldats ; traîné par une machine impuissante, il était arrêté à la gare de Bonnière, dont le disque protecteur n'était pas éclairé. Aucun signal

---

(1) La Compagnie de l'Ouest ne fait pas exception aux autres quand à l'exagération de la charge des machines.

détonant n'indiquait la grandeur du danger ! Un malheur immense et imminent va avoir lieu ; il est heureusement prévenu par le sang-froid, le courage et la présence d'esprit du mécanicien. Celui-ci a tout vu, tout calculé en un instant, et il va lutter d'énergie contre sa machine elle-même. Sa main, rapide comme sa pensée, renverse la marche au risque d'une explosion ; il bat contre vapeur; la machine crie et tourbillonne sur elle-même; les soupapes de sûreté hurlent et menacent d'éclater sous cette pression augmentée subitement de 2 à 3 atmosphères ! Mais la machine tient bon ; elle ne fait pas explosion, elle ramène le train en arrière !

Kargel a sauvé les soldats et les voyageurs...

Les officiers du train, qui ont mesuré tout le danger, viennent serrer vivement la main du mécanicien. Ceux-là savent peser la valeur d'un homme à certaines heures de la bataille...

— On devait s'attendre à ce que, le lendemain de cet incident, qui aurait eu, sans l'intelligente et courageuse énergie de Kargel, des suites désastreuses pour la Compagnie de l'Ouest, ce mécanicien, qui compte vingt-six années de service dans nos chemins de fer, qui est commissionné par le service des mines depuis 1848, recevra un avancement bien mérité... Il est révoqué le jour suivant ! Le malheureux avait signé la pétition des mécaniciens à leur chef hiérarchique, M. le ministre des travaux publics !

<hr>

CHAPITRE V

De la vitesse.

M. Marié, dans ses notes au ministre, s'exprime ainsi : « En ce qui concerne la vitesse de certains types de machines, nous ne croyons pas qu'elle soit exagérée, et nous ne savons pas qu'elle ait donné jamais lieu à aucun accident. »

UN EXEMPLE ENTRE MILLE DU CONTRAIRE.

De Lyon-Vaise à Lyon-Perrache, des machines, dont la vitesse maxima est fixée réglementairement à 55 kilomètres à l'heure, doivent effectuer ce parcours, qui est de 4 kilom. 600 m., en 7 minutes. Mais, pour la mise en vitesse et le ralentissement d'arrivée, il y a lieu de déduire 2 minutes; restent 5 minutes. Des ordres de service exigeant un ralentissement de 1 minute, restent 4 minutes.

L'instruction 131 de M. l'ingénieur Marié oblige les mécaniciens, sous peine d'amende, à augmenter leur vitesse de 10 kilom., soit 1 minute à regagner; ils doivent donc parcourir 4 kilom. 600 m. en 3 minutes !

Est-il possible de marcher à cette vitesse fantastique avec des machines dont les ordres de service mêmes ont limité la vitesse maxima à 55 kilom. à l'heure?

Les mécaniciens de Lyon-Vaise ont réclamé, et l'ingénieur de Lyon continue à leur appliquer l'amende réglementaire, pour un temps qu'il leur est matériellement impossible de regagner!...

M. Marié s'abrite derrière ses règlements; les corps broyés de Margnat et de son chauffeur à Créchy, ainsi que les victimes de l'accident de Pont-Mort et Champigny, ne sauraient l'émouvoir.

Mais si elles l'ont trouvé impassible, ces douloureuses conséquences des vitesses excessives ont uni dans un même sentiment tous les mécaniciens et chauffeurs de France, et ils ont cru de leur devoir d'avertir les ministres, l'Assemblée nationale et la presse. Des feuilles qui exercent sur l'opinion un légitime ascendant ont pris fait et cause pour l'intérêt qu'ils représentent; elles veulent, elles aussi, qu'on mette un terme à de trop fréquentes catastrophes. Au surplus, ce n'est pas notre faute, à nous mécaniciens, si nous sommes obligés d'en appeler à l'opinion. Sur les champs de bataille, les généraux accompagnent les soldats et partagent leurs dangers; pour nous, soldats de l'industrie, nous ne voyons jamais nos chefs sur le théâtre de nos luttes contre les chances d'accidents que nous affrontons chaque jour.

Citons, à l'appui de nos assertions, un accident récent, dont les véritables causes ont échappé au contrôle, et qui pouvaient avoir les plus terribles conséquences.

Dans cette affaire, quel a été le résumé de l'enquête...? *Cas de force majeure !!*

Voyons. Le 28 décembre dernier, le train de voyageurs n° 24 partait de Marseille, remorqué par deux machines, une à marchandises et l'autre à voyageurs. La première de ces deux machines était affectée au service de la ligne de Valdonne, où les courbes n'ont qu'un faible rayon, circonstance par suite de laquelle les roues du milieu n'ont pas de boudin ou raie de saillie pour guider la machine, qui se prête ainsi à la sinuosité des courbes les plus prononcées. Le mouvement latéral, dit vulgairement *lacet,* ainsi favorisé en ligne droite, devient dangereux en vitesse.

Habituellement, quand il est nécessaire pour le service d'adjoindre ce type de machine aux trains de voyageurs, on prend la précaution de l'attacher au train, et la machine à voyageurs est placée en avant; puis, en serrant avec force les tendeurs, on paralyse sensiblement le jeu latéral. Était-il urgent d'envoyer cette machine à Arles? Les mécaniciens prétendent que non; ils assurent que le dépôt d'Arles a le matériel nécessaire pour parer aux éventualités; mais il s'ensuit un surcroît de dépenses pour le service de la traction : un « demi-déplacement pour chaque agent du train! »

Mais ne pouvait-on atteler cette machine à un train de marchandises?... Si l'on consulte le livre-marche des trains, on constate que trois trains réguliers et six trains facultatifs de marchandises partent de Marseille avant le train de voyageurs n_0 24 de 7 heures 15 du matin. En faisant partir les machines avec ces trains, les mécaniciens et chauffeurs sont plus de quinze heures absents et *ont droit au demi-déplacement.* C'est le désir de réaliser l'économie de cette indemnité qui les fait atteler au train de voyageurs.

Les mesures habituelles de sécurité ont-elles été prises dans l'attelage de cette machine au train n° 24? Non; le chef de dépôt de Marseille ayant envoyé cette machine au moment du départ, le chef de gare, pour prévenir un retard du train, avait cru pouvoir négliger les règles de prudence les plus élémentaires en faisant accrocher cette machine, non au train, mais à la machine à voyageurs.

Le train part avec un faible retard. La machine à marchandises (sans boudin à ses roues du milieu), n'étant pas guidée à l'avant ni maintenue par la rigidité des tendeurs, prend un mouvement de lacet tellement alarmant que le mécanicien qui, quelques minutes plus tard, allait être tué, se tourne vers son chauffeur et lui dit : « Nous aurons de la chance si nous ne déraillons pas avant d'arriver; voyez le jeu latéral de la machine! » Esclave du service, il ne croit pas devoir réduire sa marche; il sait, en outre, qu'il encourra la retenue réglementaire s'il n'augmente sa vitesse de 10 kilom. (retenue prescrite par l'instruction n° 131 de l'ingénieur Marié). D'un autre côté, le train 24 est direct de Miramas à Arles. Près de la gare d'Entressen, la machine à marchandises déraille ; dans son mouvement de lacet, elle accroche la machine à voyageurs et la fait sortir de la voie dans le sens opposé. Continuant sur les traverses sa course vertigineuse, elle broie son mécanicien sur le tender.

La deuxième machine, par un bonheur providentiel, s'est isolée du train; les voyageurs échappent ainsi à une catastrophe. Le mécanicien de cette machine se jette sur un mûrier, et le chauffeur échappe à la mort en sautant sur le remblai; presque au même instant, la machine usée et en mauvais état fait explosion !

Le premier moment de terreur passé, le chauffeur de la première machine, le nommé Marchand, court tout haletant à la recherche de son mécanicien. Deux fois il tombe de faiblesse: des voyageurs compatissants le relèvent, lui donnent des secours, et veulent l'accompagner: « Laissez-moi seul, leur répond-il; il y a encore du danger. » Il craignait sans doute l'explosion de sa machine. Il finit par découvrir son mécanicien broyé et brûlé par le feu du foyer.

Les voyageurs, témoins du courage de Marchand, qui n'a pas craint d'exposer sa vie pour leur sécurité, signent spontanément une adresse au directeur de la Compagnie pour lui signaler les titres qu'il vient de conquérir à sa bienveillance.

Qu'arrive-t-il ? quoique blessé en exerçant courageusement ses fonctions, il continue à recevoir une solde inférieure à celle de sa position, la solde de nettoyeur. Quant à l'adresse des voyageurs au directeur, qu'est-elle devenue? Est-elle parvenue à sa destination? L'administration a-t-elle voulu faire l'économie de la misérable gratification qu'il aurait fallu donner à Marchand? Elle a fait bien mieux: ce chauffeur ayant commis l'imprudence de reproduire, sur les causes probables de l'accident, le langage de son mécanicien tué, elle l'a révoqué !

Le cas de force majeure sera-t-il donc toujours invoqué par les Compagnies? Oui, et cependant une terrible responsabilité pèse sur elles, particulièrement en ce qui concerne le service du contrôle. Elles sont coupables notamment d'adopter avec une regrettable légèreté les théories sur les charges et les vitesses de certains ingénieurs qui n'ont pas toujours dû leur haute position au mérite, à la capacité, aux services effectivement rendus...

A ce sujet, le service du contrôle nous permettra de lui adresser les questions suivantes :

« Est-il vrai que la véritable cause de l'accident de Pont-Mor (Puy-de-Dôme) « 13 morts et 44 blessés, » serait dû à l'excès de vitesse commandée par l'instruction n° 131 de l'ingénieur Marié? »

Est-il vrai que les vitesses excessives avec double machine, en ébranlant la voie, aient occasionné les accidents de Saint-Remy, Créchy-Entressen, Pont-Mort et Champigny ?

En ce qui concerne l'avant-dernier de ces accidents :

Est-il vrai que Gannat étant le point culminant, les mécaniciens avaient perdu du temps en deçà de cette gare, et s'efforçaient de le regagner en descendant Pont-Mort ?

Est-il vrai que les traverses de la voie étaient pourries au point que l'on pouvait retirer à la main les chevillettes fixant les coussinets ?...

Trombe d'eau, cas de force majeure, répondent victorieusement les Compagnies.

Quant aux gardes de ligne, chargés d'avertir les mécaniciens du danger, ils avaient été supprimés par suite d'économies dues à quelques ingénieurs plus soucieux d'obtenir les bonnes grâces et les gratifications des Compagnies, que de sauvegarder la vie des voyageurs...

Mais revenons à l'accident d'Entressen :

Cause inconnue ! vraiment ! parce qu'il n'y a eu qu'un mécanicien de tué ! Ah ! probablement que l'enquête eût conduit à d'autres résultats, si l'accident eût entraîné la mort d'un plus ou moins grand nombre de voyageurs.

Et maintenant, quand, en présence de ces faits douloureux, les mécaniciens et chauffeurs de France demandent que l'administration supérieure prévienne les accidents dont ils sont les premières victimes ; quand ils reprochent aux Compagnies des règlements ou des économies qui doivent conduire inévitablement à ces catastrophes, elles répondent invariablement : Cas de force majeure ! Quand il est matériellement prouvé, par exemple, que les courbes de la ligne de Valdonne usent les roues des machines, que les essieux de ces machines rongent leurs boîtes à graisse, et qu'il se produit, quand elles marchent en ligne droite, un jeu latéral de nature à entraîner les plus graves accidents, les Compagnies restent impassibles...

QUELQUES MOTS SUR LE TEMPS PERDU ET GAGNÉ DANS LES PARCOURS.

M. Marié prétend que sa Compagnie paye la même somme qu'auparavant pour le temps gagné, et que cette somme est répartie plus équitablement en raison du travail effectué.

En effet, dans son instruction n° 131 du 3 juillet 1869, au paragraphe : *méthode nouvelle*, il dit : « On donnera toujours une prime lorsque le travail réel de la machine aura dépassé le travail normal par augmentation, soit de la charge, soit de la vitesse.

« On imputera, au contraire, une retenue lorsque le travail réel sera inférieur au travail normal par la faute du mécanicien. »

Les deux paragraphes sont-ils de nature à assurer la sécurité publique ? Les mécaniciens peuvent-ils être déclarés responsables des excès de vitesse, quand ils sont ainsi prescrits ?

Prenons pour exemple le train n° 2 partant de Tonnerre avec du retard. La marche réglementaire de ce train est de 70 kilomètres à l'heure; l'augmentation de vitesse exigible est de 10 kilomètres, soit 80 kilomètres. Si le mécanicien n'atteint pas cette vitesse, on lui fait payer la différence à raison de quarante centimes la minute ; si, au contraire, il la dépasse, on lui paye la vitesse supplémentaire d'après le type de sa machine jusqu'au maximum réglementaire de 90 kilomètres.

L'ancienne méthode diffère essentiellement de la nouvelle en ce sens que le mécanicien n'avait pas à regagner un temps qu'il n'avait pas perdu. Il était seul juge de la possibilité de faire prendre à sa machine une marche accélérée, et cette accélération était subordonnée, non-seulement à l'état de sa machine, mais encore à la qualité du combustible qui lui était donné, et à l'état de l'atmosphère.

Sous le régime actuel, supposons le mécanicien partant de Tonnerre pour Paris avec du retard et dix wagons. S'il gagne 25 minutes, il ne lui est rien payé ; s'il en gagne 27, il lui en est payé une (40 centimes); mais s'il perd du temps, ce temps perdu *s'ajoute* aux 26 minutes qu'il aurait dû regagner. L'ancienne organisation ne l'obligeant pas aux vitesses extrêmes, les 26 minutes gagnées lui étaient payées à raison de 15 centimes par minute, et les minutes perdues lui étaient retenues à raison de 40 centimes.

Cette méthode était la plus rationnelle, le mécanicien étant alors juge de la situation. Aujourd'hui, pour arriver à une économie aussi dangereuse pour les voyageurs que désastreuse pour le matériel, on lui fait des conditions telles qu'il lui est impossible de garantir la sécurité publique.

En tenant compte de ce fait, que la voie est dans un état déplorable sur certaines sections, on se demande s'il est prudent, s'il est humain d'imposer aux mécaniciens une vitesse pouvant aller jusqu'à 90 kilomètres, surtout avec des machines à cylindres extérieurs, qui favorisent le mouvement de *lacet,* et tout cela par le stimulant de la prime ou de la retenue.

Il fut un temps où MM. les ingénieurs étaient plus soucieux des dangers auxquels sont exposés les voyageurs par la vitesse exagérée de certains types de machines.

Voici une circulaire de cette époque.

« Paris, le 14 janvier 1860.

« *Circulaire à MM. les Chefs et Sous-Chefs de traction concernant les vitesses maxima auxquelles les machines de divers types peuvent être conduites.*

« Quelques-uns de MM. les Mécaniciens ayant eu occasion, lorsqu'ils faisaient le service de secours, de remorquer des Trains de voyageurs restés en détresse, se sont crus obligés de marcher à la vitesse réglementaire de ces Trains, bien que leurs machines appartinssent à un type qui ne comporte pas cette vitesse.

« Il est sans doute à désirer que les Trains de voyageurs soient conduits à leur vitesse réglementaire, mais cet avantage ne doit pas être obtenu au prix d'efforts compromettants pour la sécurité de ces Trains, et ce serait, de la part de MM. les Mécaniciens, une grave imprudence que d'exiger de certaines machines, notamment de celles à marchandises à cylindres extérieurs, à cause de leur poids et de leur stabilité, une vitesse à laquelle ni leurs propres organes, ni les rails, ni la voie ne peuvent résister.

« En ayant égard au diamètre de leurs roues motrices, à leur poids et à leur mode de construction, les *Vitesses maxima* auxquelles les machines des divers types peuvent marcher, seront à l'avenir réglées conformément aux indications du tableau ci-dessous :

Machines Crampton.	85 kilomètres.	
— à roues libres.	70	—
— à 4 roues couplées de 1 m. 80.	70	—
— à 4 roues — de 1 m. 60.	60	—
— à 4 et 6 roues couplées de 1 m. 50, cylindres intérieurs.	55	—
— à 6 roues couplées cylind. extérieurs.	35	—

« Messieurs les Chefs et Sous-Chefs de traction veilleront à ce que les prescriptions de la présente Circulaire soient strictement exécutées.

« *L'Ingénieur en chef du Matériel et de la traction,*

« H. Lecomte.

« *Vu et approuvé par le Directeur,*

« P. Chaperon. »

Le cas de force majeure dont a bénéficié le directeur de P. L. M. dans les accidents de Champigny et Pont-Mort, ne serait-il pas le résultat d'une dérogation aux principes si sages et si explicites de cette circulaire ?

La régularité de la marche devrait se chercher dans le bon état du matériel, dans des charges établies en raison de la puissance des machines, et surtout dans la qualité du combustible qui doit fournir une vaporisation active (1).

(1) La Compagnie du Nord alimente ses locomotives avec du *poussier* de charbon dont nos ménagères ne voudraient pas pour leurs fourneaux. Les mécaniciens et chauffeurs, constamment occupés à utiliser ce détestable combustible, ne voient pas ce qui se passe sur la voie. C'est donc une économie qui pourrait coûter cher aux actionnaires.

Le matériel de Lyon, pour citer un exemple, est-il en bon état dans tous les dépôts? Pour s'en rendre compte, il suffit de savoir si toutes les réparations demandées par le mécanicien sont exécutées. Or, le plus souvent elles ne se font pas. On prétexte le manque de matériel et de temps nécessaires ; d'un autre côté, s'il y a un nombre limité d'ouvriers pour chaque dépôt, les malades ne sont pas remplacés. Or, de petites avaries non réparées en entraînent de plus grandes, et, jusqu'au moment de la mise en état, elles compromettent la régularité de la marche.

Au dépôt de Montereau, il y a peu de temps, le chef de dépôt voulant, dans un intérêt personnel, obtenir des résultats véritablement impossibles de machines non réparées, les mit dans un état déplorable. Ce chef a été appelé, il est vrai, à d'autres fonctions; mais, jusque-là, combien de mécaniciens révoqués, descendus de classe et mis à l'amende sur son rapport !

Tout d'abord, il s'était concilié l'estime de l'administration, et, comme les retenues sur le maigre salaire des agents se traduisent par des gratifications au profit de leurs supérieurs, il avait eu une large part dans ces avantages ; il était même question de lui donner de l'avancement, quand on s'aperçut que non-seulement son matériel était en mauvais état, mais encore qu'il y avait danger pour la sécurité à laisser ce matériel en service !...

CHAPITRE VI

Du personnel.

Nous demandons que le nombre des mécaniciens et chauffeurs soit établi de telle sorte, que le service ne puisse être confié à des auxiliaires. Quelques Compagnies ont exclu, et avec raison, le concours de ces auxiliaires. Sur leur ligne, l'élève mécanicien fait son essai. Si, après un stage de six mois comme chauffeur, il est reconnu capable, et l'accroissement du trafic le permettant, il est nommé mécanicien titulaire d'une machine. Il cesse alors son service de chauffeur.

Cette manière d'opérer est la plus rationnelle et la plus juste; et les actionnaires n'en sauraient souffrir, car plus la sécurité est sauvegardée, plus rares sont les accidents, qui sont autant de désastres financiers pour les Compagnies.

Il est à regretter que la plupart d'entre elles n'opèrent pas ainsi, et adoptent trop facilement les idées d'économie suggérées par un chef de service, dont la pensée constante est d'obtenir des gratifications. Dans ce but, il emploie tous les moyens de démontrer qu'il diminue les frais de telle ou telle partie de l'exploitation, en supprimant une partie du personnel. Malheureusement, cette suppression compromet très-gravement la sécurité d'un train en marche, le mécanicien ayant besoin de se consacrer exclusivement à sa machine, et ne pouvant, par conséquent, se faire en même temps chauffeur, ce qui arrive cependant lorsque, au lieu de ce collaborateur indispensable, on lui adjoint un auxiliaire, c'est-à-dire un homme de peine ignorant les règlements, la signification des signaux et le fonctionnement de la machine.

Nous demandons, en conséquence, la *suppression* du service des auxiliaires, et leur remplacement par des chauffeurs, dûment admis comme tels.

Malgré les notes de M. Marié, nous pouvons affirmer que la Compagnie P. L. M. se trouve dans le même cas que toutes les autres, quant aux variations du trafic. Le cadre des mécaniciens étant fixé d'après la double base des exigences rigoureuses du service et des nécessités provenant du remplacement des malades, s'il survient une augmentation de 20 0/0 dans le trafic, on double, on triple même le nombre des chauffeurs auxiliaires.

Le chauffeur devient ainsi momentanément mécanicien et touche la solde de la première classe de son emploi, à laquelle on ajoute une augmentation de 84 centimes par jour. Pour cette augmentation, il prend la responsabilité de la conduite des trains, avec une machine qu'il ne connaît pas, la machine banale du dépôt.....

Si encore on lui laissait le temps de la visiter, la sécurité du public et son intérêt pourraient être sauvegardés ; mais non, l'accroissement du trafic n'est pas prévu, et il importe avant tout d'obtenir la plus grande somme de travail au moindre prix possible.

Dans ce système, l'économie s'obtient donc au détriment de la sécurité, du bon entretien du matériel et de l'avancement des véritables mécaniciens.

Mais il importe d'expliquer comment les compagnies entendent la sécurité.

Supposons que l'exploitation demande un train supplémentaire ; immédiatement deux hommes de peine, la plupart ignorant les signaux et le fonctionnement de la machine, entrent dans le service actif, l'un pour remplacer l'auxiliaire mécanicien, l'autre à titre

d'adjoint. Voilà donc le service matériellement assuré, et la sécurité
..... diminuée en raison de l'augmentation du trafic.

Qu'importent à MM. les ingénieurs, les amendes, les descentes
de classes, les révocations, l'emprisonnement même de leurs mécaniciens ; ne sont-ils pas couverts par leurs règlements ?..... Ces dé-
tails ne peuvent les atteindre, et, en cas d'accidents compromettants, leurs zélés chefs de dépôts ne sont-ils pas là pour dire aux
mécaniciens: « Laissez-vous condamner ; c'est toujours la Compagnie qui paye. — Oui, mais la..... prison ? — Bast, faire quelques
jours de prison pour ces messieurs, c'est la moindre des choses. »

Vous qui voyagez en chemin de fer, pleins de confiance dans les
mesures prises par les Compagnies pour vous conduire sûrement à
votre destination, n'avez-vous jamais aperçu un homme, le pied sur
la machine et le corps dans l'espace, donnant des soins minutieux à
cette machine ? Cet homme ainsi absorbé par une préoccupation
constante, cet homme qui tient votre vie entre ses mains, c'est le
mécanicien. Si la marche du train est retardée, et souvent par des
circonstances indépendantes de sa volonté, s'il perd du temps, il lui
est infligé des punitions. Si la vigilance du chauffeur n'est pas
constante, si le mécanicien tombe de sa machine, ou enfin s'il a
pour auxiliaire un homme de peine ne connaissant pas les signaux,
n'êtes-vous pas, voyageurs, grandement exposés à une catastrophe ?

Et cependant MM. les ingénieurs reçoivent souvent de terribles
avertissements (inconnus du public); n'importe, ils ont toujours
la conscience tranquille et le cœur léger.

Citons encore un fait douloureux entre tous ceux qui peuvent se
produire chaque jour.

Le 30 janvier 1867, l'auxiliaire mécanicien Aubry, revenant de
conduire des trains de Marseille à Toulon et *vice versâ*, est averti
qu'il doit repartir immédiatement avec la machine n° 1329, pour
remorquer le train n° 1360 allant à Arles. Il va prendre son repas
et revient aussitôt, mais sans avoir eu le temps de s'assurer de l'état
de sa machine. Il fait cependant le nécessaire et part (on lui avait
adjoint un homme de peine, le sieur Votton). A 11 kilomètres de
Marseille, à l'entrée du tunnel de la Nerthe, une boîte du tender
commence à gripper ; il se penche pour se rendre compte de ce fait,
lorsqu'un poteau placé trop près du rail le frappe à la tête et l'entraîne sur la voie.

Le chauffeur, étranger au travail de la machine, n'a pu remarquer
tout d'abord l'accident de son mécanicien; ce n'est qu'à la sortie du

tunnel.qu'il s'aperçoit de son absence. Le chef de train n'était pas à sa vigie. Ne sachant ce qu'il avait à faire, cet homme ouvre le sifflet. Le chef de train, se rendant compte de la gravité de la situation, serre son frein et fait entendre la cloche d'alarme. Le chauffeur, éperdu, laisse le régulateur ouvert...... On venait de monter une rampe, et on descendait avec une pente de 3 millimètres par mètre avec la même section d'ouverture à la distribution. Le train passe comme la foudre à la gare du Pas-des-Lanciers. Heureusement qu'il ne s'y trouvait aucun train ; autrement il eût été pulvérisé, et une épouvantable catastrophe eût eu lieu, l'homme de peine ne connaissant pas les signaux ! Cependant la cloche d'alarme sonnait toujours. Enfin, le chauffeur comprenant l'avertissement du chef de train, ferme le régulateur, serre son frein, et le train s'arrête après avoir parcouru une distance de 9 kilomètres.

L'infortuné Aubry, resté sans secours, fut trouvé une heure après sa chute, baigné dans son sang, par le mécanicien d'un train se dirigeant sur Marseille.

Il n'est pas douteux que, s'il avait eu un chauffeur connaissant la machine et les signaux, le train eût été arrêté plus tôt et on eût pu le secourir à temps dans une maison de garde, située à cent mètres de l'accident. Nous n'aurions pas eu ainsi à déplorer la mort de cette victime d'une fatale organisation.

A sa rentrée à Marseille, l'homme de peine Votton s'empressa d'étudier les règlements sur les signaux pour pouvoir répondre dans l'enquête. Un incident curieux se produisit à l'occasion de son interrogatoire. Comme il avait eu *l'imprudence* de dire que le mécanicien Aubry avait vainement demandé au chef du dépôt le repos nécessaire pour assurer son service, ainsi que celui de Votton son chauffeur auxiliaire, et qu'ils avaient été mis tous les deux dans la nécessité de partir, le commissaire de surveillance administrative lui recommanda formellement de ne jamais parler de cela.......

Après de pareils faits, les mécaniciens ont-ils tort d'avoir rédigé un projet de pétition à leurs administrateurs et au Ministre ? ont-ils tort de demander la suppression des auxiliaires, dans l'intérêt de la sécurité publique ?

CHAPITRE VII

Les réprimandes.

Nous demandons un règlement disciplinaire, basé sur l'équité et ne pouvant devenir, pour les Compagnies, un élément de spéculation. Ce règlement serait établi par une commission composée de manière à offrir les conditions les plus rigoureuses d'impartialité et de compétence.

Une de ses dispositions essentielles interdirait la descente de classe, lorsque le titulaire aurait plus d'une année de service dans cette classe, la Compagnie ayant et conservant le droit de retarder l'avancement de celui qui a démérité dans son service.

Un exemplaire du règlement disciplinaire serait remis à chaque agent nouveau, au moment de son entrée en fonctions.

Dans la situation actuelle, l'application des amendes est entièrement arbitraire. Devant les tribunaux, nul ne peut être frappé d'un amende quelconque sans examen, sans discussion, sans la garantie de l'impartialité du magistrat. Rien de semblable dans le monde des chemins de fer. Des amendes qui dépassent 100 francs, 150 francs en un seul mois, sont prononcées selon le bon plaisir de nos ingénieurs, cumulant les fonctions du législateur qui fait la loi, du magistrat qui l'applique et de l'agent qui l'exécute.

La commission et le public savent-ils que les gratifications distribuées aux chefs de dépôt sont trop souvent en rapport, avec les amendes infligées?

Il n'y a pas très-longtemps, un chef de dépôt, étonné de n'avoir pas reçu, comme ses collègues, les gratifications accoutumées, vient à Paris en demander la raison. On lui répond tout simplement : « Le service se fait trop bien dans votre dépôt; on n'y inflige pas d'amendes, et vous comprenez..... » Ce chef de dépôt comprit en effet; il comprit qu'il devait faire du zèle, et que les gratifications étaient subordonnées au nombre et à l'importance des retenues à opérer sur le maigre salaire de ses chauffeurs et mécaniciens.

En fait, les règlements sont ainsi établis, qu'un chef de dépôt peut supprimer, par des retenues, la solde de ses agents, et recevoir des gratifications en conséquence. (Voir l'Ordre de Service n° 68, 4 juillet 1864, du P. L. M.)

Le pays ne se doute pas que des mécaniciens qui ont mis dix ans pour arriver à une classe supérieure — (300 francs d'augmentation)

— peuvent être dégradés et descendus de classe, selon le bon plaisir de l'administration ou plutôt de l'ingénieur, et cela sur un simple rapport, sans qu'ils soient entendus!

Qu'on se figure, dans une armée, un officier comptant vingt ans de service et perdant un grade sur la simple décision d'un supérieur! Hypothèse absurde, direz-vous, de pareils faits ne pouvant se produire dans un pays civilisé! Sans doute, dans l'armée, ce serait monstrueux. Et cependant cette monstruosité est l'exacte réalité dans les Compagnies de Chemins de fer.

Que la Compagnie retarde l'avancement de celui qui a démérité dans son service, cela se conçoit; qu'elle inflige une mise à pied d'un, de deux, même de trois mois à l'agent qui a commis une faute grave, cela est juste; on peut ajouter que la punition sera suffisante pour qu'il ne soit pas tenté de recommencer. Mais la retenue! la retenue sur un maigre salaire, sur le morceau de pain souvent d'une famille entière!...

Les mécaniciens et chauffeurs ont été très-surpris de lire, dans le rapport n° 1004 de M. le député Bastid, que, pour une période de cinq ans dans le service de la traction, la moyenne des amendes a été de 0,83 par agent (renseignements fournis par les Compagnies).

Jaloux de démontrer l'inexactitude de ce renseignement, nous avons prié nos collègues restés en service de vouloir bien nous donner le relevé exact des retenues opérées sur leur salaire, non pendant cinq ans, mais dans les six premiers mois de l'année 1872, sur une seule section, la première de Paris-Lyon.

Voici le résultat, scrupuleusement exact, de cette enquête. Nous en tenons les éléments à la disposition de qui de droit.

Montant des retenues opérées pendant les mois de :

	fr.	c.
Janvier.	668	59
Février.	347	»
Mars.	775	»
Avril.	523	»
Mai.	483	77
Juin.	504	44
Total des amendes proprement dites.	3,301	77

A ce montant des amendes il faut réunir des diminutions de traitement qui, dans certains cas, viennent, sous le nom de descente de classe, frapper les mécaniciens et chauffeurs. Ces diminutions forment, pour les six premiers mois de la présente année, la somme de 750 francs.

Ce total doit être ajouté à celui des amendes à raison de 25 francs par mois (la classe étant de 300 francs par an) pour chaque descente de classe, car ce genre de punition n'est en réalité qu'une amende permanente.

Donc, si nous additionnons les sommes retenues aux agents de la traction soit pour amendes proprement dites, soit pour diminutions de traitement ou descentes de classe, nous obtenons :

Amendes proprement dites. 3,301 77
Descentes de classe. . . . . 750 »
Total. 4,051 77

La somme totale des retenues pour la première section, pendant six mois, a été de. 4,051 77

Pendant un an, elle sera donc de 4,051 77 × 2 = 8,103 54

Le chemin de fer de Lyon se compose de 9 sections de traction, soit . . . . . . 8,103 54 × 9 = 72,931 86

Or, pour la première section, le nombre des mécaniciens et chauffeurs est de 308 ; pour les six premiers mois de l'année, les retenues s'élèvent au chiffre total de 4,051,77 : 308, soit une moyenne de 13 fr. 15 par agent et pour six mois.

Cette moyenne de 13 fr. 15 est bien loin du chiffre de 0 fr. 83 indiqué par M. Bastid, et si l'on considère que les Compagnies procèdent toutes avec la même rigueur, avec le même arbitraire que Paris-Lyon qui nous a servi de type, on se convaincra que c'est en réalité sur ce chiffre de 13 fr. 15 d'amende en moyenne pour six mois par agent qu'il faut se baser pour apprécier l'importance des sommes prélevées arbitrairement (1) par les Compagnies sur de modestes appointements.

Voyons un peu ce que deviennent ces retenues sur le salaire des mécaniciens et chauffeurs.

D'après M. Marié (notes sur la pétition des mécaniciens et chauffeurs), « les amendes sont en partie compensées par des gratifications devenues importantes dans ces derniers temps. » D'autre part, M. Audibert, directeur de l'exploitation, par son ordre de service n° 16, du 30 août 1870, dit : « Tout le personnel a été soumis à un surcroît de travail considérable ; non-seulement le surcroît de travail a été accepté sans difficulté par les employés de tout ordre, mais il a été accompli avec le dévouement le plus entier et le plus empressé.

(1) Citons un exemple : à la Compagnie de l'Est, quand un tube à fumée se rompt à l'intérieur de la chaudière et que la machine est hors d'état de continuer son parcours, on inflige une amende de 10 fr. au mécanicien et de 5 fr. au chauffeur !!!

« Le Conseil d'administration a décidé que des indemnités supplémentaires seraient allouées aux agents qui ont été assujettis à un travail si extraordinaire. Chaque jour qui s'écoule grossit la liste des services, et par conséquent, celle des récompenses. »

Voilà qui est explicite; M. Marié en informe le Ministre : « les gratifications sont devenues importantes dans ces derniers temps; tous les mécaniciens ont été récompensés en raison d'un surcroît de travail considérable accepté sans difficulté, avec dévouement même; la liste des services grossit chaque jour. » Voilà qui est bien ; — mais les récompenses? — Eh bien, oui, les récompenses? — Mais on les attend encore ! — Impossible ! — C'est cependant la vérité. En fait, la vingtième partie des mécaniciens et chauffeurs a reçu une allocation absolument dérisoire par rapport au travail effectué.

Ah ! si des indemnités avaient été payées proportionnellement aux traitements ou salaires, d'après les bases indiqués par M. Marié, nos chefs se seraient justifiés de ces retenues sur les salaires, sur ce misérable morceau de pain qui fait vivre des familles entières. Il est vrai que, dans ce cas, nos ingénieurs, entrés presque tous sans fortune dans les chemins de fer, ne seraient pas aujourd'hui millionnaires ! ! !

Oui, les mécaniciens et chauffeurs, qui, en 1870-71, ont été déplacés pour mettre le matériel hors de l'atteinte de l'ennemi et transporter nos soldats, doublant leur service, souffrant comme eux pendant ce rude hiver, vivant loin de leur famille, et soumis plus tard à un surcroît de travail pour le ravitaillement de Paris, attendent encore les gratifications promises ! Ils attendent l'indemnité de déplacement et de déménagement allouée par l'ordre de service n° 4 à tout agent déplacé pour le service.

UN AUTRE FAIT.

COMPAGNIE DES CHEMINS DE FER DE L'OUEST.

« Monsieur,

« Le….... courant, au train….... que vous conduisiez, le feu s'est déclaré dans un wagon chargé de paille et s'est communiqué au wagon suivant qui contenait douze chevaux.

« Je suis informé qu'après avoir pris avec intelligence les mesures nécessaires pour localiser l'incendie et malgré l'intensité du feu, vous n'avez pas hésité à pénétrer, avec votre chauffeur, dans le wagon incendié pour en tirer les chevaux qui, sans cet acte de dévouement, auraient péri.

« J'ai porté votre conduite à la connaissance de M. l'Ingénieur en chef, et je suis heureux de vous informer que bonne note sera prise de votre dévouement.

« L'Ingénieur de la Traction,
« Ribaille. »

OBSERVATIONS DU MÉCANICIEN.

J'ai réclamé le prix de mon paletot qui a été brûlé dans cet accident; il m'a été refusé.

Signé : H***

CHAPITRE VIII

Des salaires.

Si nos demandes étaient accueillies, les mécaniciens et chauffeurs seraient appointés à l'année dans les proportions ci-après :

1re classe de mécaniciens	3,300 fr. par an.	
2e — —	3,000	»
3e — —	2,700	»
1re classe de chauffeurs	2,100	»
2e — —	1,800	»

Les mécaniciens et chauffeurs demandent à revenir aux anciens règlements, tels que les leur appliquait l'État quand il exploitait au lieu et place des Compagnies, et cela avec d'autant plus de raison que, si le traitement de leur principal contradicteur (M. Marié) a été sensiblement élevé, le leur a été, au contraire, non moins sensiblement diminué.

Nous avons des commissions de mécaniciens qui fixent les traitements de la 1re classe à 3,900 fr. (Compagnie d'Orléans à Bordeaux).

La Compagnie Paris-Lyon-Méditerranée avait porté, il y a quelques années, le salaire de la 1re classe à 3,300 fr.

M. Buddicum l'avait élevé à 3,600 fr.

Comment nos grandes Compagnies ont-elles été amenées à diminuer les traitements fixes? En adoptant la prévision d'une progression toujours constante dans la participation des mécaniciens et chauffeurs aux bénéfices des Compagnies, et d'un produit considérable des primes de combustible et de parcours. Mais, en réalité, les primes d'économies sur le combustible et les matières sont devenues presque nulles dans plusieurs réseaux. Quant à la prime de parcours, qui est un encouragement au service sans solution de continuité, elle est une source abondante d'économies pour les Compagnies, qui, avec un matériel insuffisant, arrivent à faire un service plus ou moins bon, mais toujours au détriment de la sécurité publique, les hommes travaillant sans repos et laissant leurs machines sans réparation.

Maintenant, tout le monde sait qu'aujourd'hui (à Paris surtout) la vie matérielle est sensiblement plus élevée qu'il y a vingt ans, et que le taux de la main-d'œuvre a monté proportionnellement. Ceci posé, qu'y a-t-il donc d'extraordinaire à ce que les mécaniciens et chauffeurs sentent le besoin de revenir à l'ancienne organisation des primes et traitements fixes, et de déjouer ainsi la tactique qui consiste à augmenter le travail, même au détriment de la sécurité, et à diminuer les salaires de malheureux ouvriers...

Quand, dans les ateliers de l'industrie privée, un ouvrier conduit une machine, il gagne en moyenne de 4 fr. 50 à 5 francs pour dix heures de travail. Chaque heure supplémentaire lui est payée; le prix des heures de nuit est, en outre, plus élevé que celui des heures de jour; il en est de même des heures de travail les dimanches et fêtes, au moins dans plusieurs ateliers. S'il passe au service des Compagnies de chemins de fer, le chauffeur est, de jour comme de nuit, à la disposition de ses chefs, et son salaire reste cependant bien inférieur à celui qu'il recevait aux ateliers. La troisième classe est, en effet, de 3 fr. 84 c. par jour. Et si l'on comptait le temps de présence effectif, ainsi que le prescrit la circulaire ministérielle du 9 mai 1865 aux ingénieurs du Contrôle, on arriverait à trouver pour cet ouvrier des moyennes de seize à dix-sept heures de présence sur vingt-quatre!... On ne sera donc pas étonné de voir le personnel des chauffeurs si souvent renouvelé, et remplacé, en outre, fréquemment par des hommes de peine.

Franchement, le recrutement de ce personnel dans de telles conditions offre-t-il des garanties suffisantes au point de vue de la bonne organisation du service et de la sécurité? D'un autre côté, les traitements des mécaniciens et chauffeurs sont-ils en rapport avec la somme de responsabilité qu'on leur impose? qu'on y fasse attention, il y a là une question qui touche à l'intérêt général non moins qu'à l'intérêt privé des Compagnies et de leurs employés.. De sinistres avertissements viennent en effet révéler trop souvent et trop clairement le lien, la corrélation intime qui existent entre la marche du service et la rémunération du personnel, pour qu'il soit nécessaire de chercher ailleurs la cause de beaucoup de fautes, d'erreurs, et de bon nombre d'accidents,

Ce n'est qu'en choisissant des hommes sobres et honnêtes qu'on pourra obtenir un bon service ; mais à la condition de les rétribuer convenablement.

CHAPITRE IX

Caisse des Retraites.

Les agents commissionnés de la traction devraient avoir droit à une retraite égale à la moitié de leurs appointements, après vingt années de service, quel que soit leur âge.

La retraite serait du tiers pour les agents, qui, après quinze années d'activité, quel que fût leur âge, seraient hors d'état de continuer leur service par suite de maladies contractées au service, d'accidents ou de suppressions d'emploi.

A la mort de l'agent, retraité ou non, sa veuve aurait droit au capital et intérêt des retenues, ou au moins au revenu, pendant sa vie durant, desdites retenues augmentées des intérêts capitalisés. En cas de décès après quinze années de services révolues, sa veuve recevrait la moitié de la pension à laquelle il aurait eu droit, s'il avait eu le temps de la faire liquider. Les orphelins auraient les mêmes droits que leur mère, et ce jusqu'à l'âge de seize ans.

Si, par suite de circonstances indépendantes de leur volonté, mécaniciens et chauffeurs quittaient leur Compagnie, ils devraient conserver la faculté de verser régulièrement à la caisse des retraites une somme égale aux retenues qui étaient faites mensuellement sur leur salaire, en ajoutant à ce versement une somme égale à celle qu'alloue la Compagnie à chacun de ses employés, de telle sorte qu'ils puissent arriver au maximum de la pension de retraite, calculée sur vingt années de service.

Ils émettent le vœu que le taux maximum de la pension soit de 3,000 francs pour tout employé, et quel que soit son grade, par cette raison que toute caisse de retraites doit être fondée dans un but philanthropique, que les petits traitements sont beaucoup plus nombreux que les gros, et enfin que les chances de mortalité sont beaucoup plus considérables dans les fonctions périlleuses de mécaniciens et chauffeurs, que dans celles d'employés sédentaires. Est-il équitable de donner, avec les retenues des agents les moins heureux, une retraite de 6,000 francs à des agents, qui, ayant joui de gros traitements, ont pu se mettre, ainsi que leur famille, à l'abri de la misère ?... Aussi demandons-nous que tout employé supérieur, dont le traitement moyen atteint le chiffre de 6,000 francs, ne soit pas soumis à la retenue pour l'excédant de ce traitement, quel qu'il puisse être.

Seule, la Compagnie du chemin de fer du Midi a limité la pension de tous les grades à 4,000 fr., taux un peu élevé, selon nous, quand on songe que le plus grand nombre des fonctions n'a rien de périlleux .

Dans le rapport, sur le ministère des finances, de la commission parlementaire des services administratifs, M. de la Monneraye démontre la nécessité de créer des caisses spéciales (*Journal officiel*, 9 mai 1872, p. 3115, 1ʳᵉ colonne), mais sans doute pour chaque catégorie de fonctionnaires ou d'employés qui se trouvent dans des conditions similaires de traitement, de travail, et par suite de mortalité.

Si les retenues actuelles sont insuffisantes pour alimenter les caisses de retraite, nous ne voyons aucun inconvénient, à ce qu'elles soient augmentées, car nous désirons assurer, par une sage et prévoyante épargne, le pain du lendemain à nos veuves et à nos orphelins, et arriver ainsi, en ce qui nous concerne, à l'extinction du paupérisme.

Tous les ans, chaque agent devrait recevoir un bulletin mentionnant la pension à laquelle il aura droit, d'après l'état actuel de ses versements, après 15 et 20 années de service.

Ecoutons M. Marié, parlant de la caisse des retraites : « En 1857, la Compagnie avait fondé, pour ses agents, une caisse basée sur la caisse de la vieillesse de l'État; mais les rentes liquidées étaient insuffisantes pour pourvoir aux besoins des agents retraités. En 1864, la Compagnie a fondé une nouvelle caisse. Le règlement de cette caisse attribue aux mécaniciens et chauffeurs, après 25 ans de service et 55 ans d'âge, une pension équivalant à la moitié du traitement des six dernières années, etc., etc. »

Voici la réponse des mécaniciens :

En 1856, il était fait une retenue de 3 0/0 aux mécaniciens et chauffeurs, pour leur constituer une retraite à l'âge de 50 ans. La Compagnie devait verser à la caisse de la vieillesse, fondée et administrée par l'État, une somme égale à cette retenue. Tous les ans, ces agents recevaient un bulletin indiquant le chiffre de la pension dont ils devaient jouir, d'après l'état de leurs versements, à l'âge de 50 ans. La mesure était excellente; nul ne songeait à se plaindre.

Une nouvelle institution de prévoyance remplace, en 1864, celle de 1856 ; elle est conçue dans un tout autre esprit. Les agents supérieurs de la Compagnie veulent eux aussi bénéficier des avantages d'une création qui, à l'origine, avait spécialement l'ouvrier en vue. Non contents de leurs gros traitements et de leurs gratifications, — prélevés au moins en partie sur les retenues faites aux agents inférieurs de la traction, — ils entendent se créer, eux aussi, des droits à une retraite en rapport avec leur traitement. Que font-ils dans ce but ? Ils préparent une organisation de la caisse telle qu'il soit permis à la Compagnie de se séparer de ses ouvriers avant qu'ils aient atteint l'âge voulu pour l'admission à la retraite. Tel est le cas où elle trouverait que, prématurément épuisés par le service, ils n'ont plus la force physique nécessaire pour le continuer. Dans ce cas, aux termes des règlements (non encore approuvés par l'État), l'ouvrier peut être congédié même après vingt ans de bons services. La Compagnie se borne à lui rembourser le capital de ses retenues, et conserve les intérêts, qu'elle continue à faire fructifier au profit surtout des employés supérieurs, qui ne sont pas exposés, eux, aux conséquences redoutables du travail si pénible, si dangereux, imposé aux mécaniciens et chauffeurs.

Que le malheureux, ainsi renvoyé, soit marié et père de famille; que sa santé, gravement compromise, ne lui permette pas de s'occuper ailleurs, peu importe à la Compagnie. Ce qu'il lui faut, ce sont les ressources nécessaires pour assurer à son haut personnel le bénéfice d'une pension de retraite, et elle n'hésite pas à les chercher dans le renvoi prématuré d'ouvriers qu'elle a épuisés à son service.

Un exemple sur mille :

LETTRE ADRESSÉE PAR UN INSPECTEUR A SON AGENT.

« Paris, 2 mai 1866.

« Monsieur,

« Aux termes du règlement de la Caisse de retraites, les agents non commissionnés du service des gares et de la voie ont la faculté de participer à la Caisse des retraites, après cinq ans de service non interrompus.

« Vous aurez accompli, le 19 décembre 1865, six années de service, et, par suite, vous avez droit de participer à la Caisse des retraites, à dater du 1er juillet. Si vous avez l'intention d'user de ce droit, vous aurez à remplir et à me retourner, par l'intermédiaire de votre chef, le bulletin d'adhésion ci-joint, en l'accompagnant d'une expédition régulière de votre acte de naissance.

« A défaut d'avoir exprimé votre adhésion par le renvoi de ce bulletin accompagné de votre acte de naissance, dans un délai de deux mois, à partir du jour où la présente lettre sera remise, vous perdriez, d'après les dispositions du règlement, votre droit à participer à la Caisse des retraites.

« Vous voudrez bien, en recevant la présente, détacher et remettre à votre chef, après l'avoir daté et signé, l'accusé de réception ci-annexé.

« Recevez, Monsieur, l'assurance de ma considération,

« *Pour l'inspecteur principal de l'exploitation,*

« Boulay. »

« Bercy, 11 mai 1866.

« Vous vous présenterez à mon bureau demain 12 courant, à l'effet de me remettre le récépissé ci-joint, et signer, s'il y a lieu, le bulletin d'adhésion y mentionné, que je conserve.

« *Le chef de gare,*

« Baroiller. »

Cinq ans plus tard, par suppression de travail, Bunel ne fait plus partie du personnel.

On lui a retenu 4 0/0 sur son salaire, depuis le 11 mai 1866; il lui avait été fait, en outre, une retenue rétroactive pour les six années antérieures à son adhésion.

Le 10 novembre 1871, se trouvant dans la misère, il demande le remboursement des retenues faites sur son salaire. Voici la réponse qu'il reçoit :

« Bercy, 29 novembre 1871.

« Monsieur Bunel,

2, ruelle des Meuniers (Bercy).

« Je suis invité par mon administration à vous faire connaître que les règlements régissant la Caisse des retraites auxquels vous avez souscrit, s'opposent formellement au remboursement des retenues opérées. Ainsi donc, il n'y a pas lieu de donner suite à la demande de remboursement que vous avez formulée.

« Recevez, etc., etc.

« *Le chef de gare,*

« Signoret. »

Revenons au service de la traction.

Au commencement de la guerre, un mécanicien du dépôt de Saint-Étienne, le doyen peut-être des mécaniciens de France (trente années de service), demande sa retraite. On le prie d'attendre la fin du surcroît de travail imposé par les circonstances à son dépôt; il continue son service. Quelques mois plus tard, réparant sa machine avariée dans les neiges, il est saisi d'un refroidissement et succombe en quelques heures.

Sait-on ce qui fut offert à la veuve de ce vieil employé, auquel, chaque mois, on retenait 4 0/0 de son traitement, pour lui constituer une retraite devant équivaloir (après trente années de service) à plus de la moitié de son traitement?... 3,000 francs! 150 francs par an! 41 centimes par jour!...

La pauvre veuve, comme toutes celles de nos malheureux collègues, intenta un procès à la Compagnie, mais elle décéda avant le jugement, et la mort fit ainsi gagner son procès à la Compagnie.

Un peu plus tard, un de nos camarades, mécanicien hors classe, du même dépôt, mourait après dix-sept années de service. Sa malheureuse veuve dut accepter de la généreuse Compagnie P. L. M., 1,685 francs pour solde de tout compte, sous peine de voir retarder l'avancement de ses deux fils, entrés à son service.

Tous les employés sont-ils l'objet d'un pareil traitement? Examinons.

M. D***, ingénieur de la voie, est entré à la Compagnie de Lyon en 1846. Ses retenues pour la caisse, fondée en 1864, partent de 1848; après vingt-cinq ans d'activité (en 1873), il aura droit à sa retraite.

Aux termes de l'article 2 :

Rappel à 4 0/0 du 1er juillet 1864 à fin juin 1869, sur 12,000 francs, intérêts compris et en chiffres ronds. . . . . 2,780 fr.

Aux termes de l'article 17 :

Sur 12,000 francs, du 1er juillet 1864 à fin décembre 1868, à raison de 2 0/0, intérêts compris, et toujours en chiffres ronds. 1,260

Et, du mois de juillet 1869 à fin décembre 1872, à raison de 4 0/0, et toujours sur 12,000 francs. 1,680

Soit au total. . . 5,720 fr.

C'est-à-dire qu'on peut se faire 6,000 francs de rentes, à prélever sur la caisse des employés, en y plaçant un capital de 5,720 francs (une somme de rentes supérieure au capital qui doit les produire!). Il n'y a que des ingénieurs pour trouver la clef d'un pareil problème!...

Si les renseignements qui précèdent sur la philanthropie de la

Compagnie P. L. M. envers ses agents inférieurs, étaient contestés, nous sommes en mesure de répondre d'une façon péremptoire.

Pourquoi, depuis la création de cette fameuse caisse de retraites, et justement à partir de sa mise en vigueur, les règlements intérieurs ont-ils été toujours de plus en plus sévères? — Pourquoi les renvois d'agents ont-ils augmenté dans des proportions considérables? — Pourquoi les démissions se sont-elles multipliées dans des proportions plus fortes encore? — Pourquoi l'avancement, malgré les ordres de service qui devaient le régler, a-t-il été à peu près illusoire, même pour les agents les moins rétribués, quoique souvent les plus méritants? — Pour faire prospérer la caisse, ainsi que nous l'avons dit et que nous allons achever de le démontrer.

« Tout agent qui, frappé d'une opposition sur ses appointements, ne la fera pas lever dans un délai de deux mois, sera considéré comme démissionnaire et rayé du cadre du personnel. »

A*** est père de famille ; il a à sa charge sa mère, sa femme, deux enfants, et gagne 1,400 francs par an. La femme est courageuse, la bonne mère l'est aussi ; l'aisance n'habite pas au logis, les morceaux y sont comptés; mais la paix y règne et l'on se contente du peu que l'on a, espérant dans un avenir meilleur, dans un avancement probable. La pauvre mère tombe malade et meurt. Le mont-de-piété a prêté tant que la valeur du nantissement l'a permis; les fournisseurs n'ont pas été trop durs, ils ont fait crédit; on a payé l'enterrement en vendant une partie de la literie et d'autres objets mobiliers; avec le temps et du courage on pourra fermer la brèche ainsi ouverte à la misère, et l'on aura la satisfaction du devoir accompli. Mais voilà qu'un des créanciers n'étant pas payé dans le délai qu'il a fixé, obtient un jugement et pratique une opposition sur le salaire du malheureux A***. L'opposition n'est pas levée dans le délai fatal de deux mois ; A*** est impitoyablement rayé des cadres et sa famille tombe, avec lui, dans le dénûment. Quant à la caisse, elle a bénéficié et continue à bénéficier des retenues !

B*** a quatorze années de bons et loyaux services; mais, depuis quelque temps, il est atteint d'un commencement de surdité. Aux termes des règlements, on pourrait, dans un an, et, en raison de ses versements à la caisse, lui allouer, pour infirmité, une petite pension de 400 à 500 francs ; mais il est jeune encore, il vivra longtemps sans doute, cette pension s'éternisera, et, avant tout, il faut sauvegarder l'intérêt de la caisse. Dès lors B*** devient l'objet d'une malveillance des plus caractérisées ; on lui fait subir ces mille piqûres d'épingles, dont ceraines administrations possèdent si bien le secret, et quand on le voit fatigué, démoralisé, exaspéré, ahuri, on lui propose, comme marque de sollicitude, une indemnité de congé de 500 ou 600 francs, une fois donnée !...

C***, après douze années de service, fait une maladie sérieuse ; au bout de trois mois d'absence, on le raye des cadres de la Compagnie. S'il n'avait eu que cinq ou six ans de présence, on lui eût accordé une prolongation de délai sans solde, les règlements autorisant cette munificence ; mais il a douze années d'activité ; or, dans trois ans, s'il était toujours malade, il faudrait le retraiter par anticipation ; la caisse ne doit pas courir cette chance, C*** est rayé des cadres et ses versements sont perdus pour lui.

D*** est un de ces employés prévoyants qui ne considèrent pas l'espoir de l'avancement comme une garantie suffisante pour l'avenir. Aussi a-t-il établi sa femme dans une petite boutique de la localité, et les légers bénéfices de ce commerce améliorent la position de son paisible ménage. Il est heureux ; mais il a compté seul... Un beau jour, on lui annonce son changement de résidence ; on l'envoie au loin sur un nouvel embranchement. Il a beau faire et dire, il doit s'incliner. S'il obéit, son commerce est perdu ; s'il résiste, sa démission ou sa révocation doit en être la conséquence. La femme veut rester, elle n'entend pas abandonner le fonds qu'elle a créé ; le mari, jaloux avant tout de la paix de son ménage, refuse le changement de résidence. Il est révoqué. Encore une recette pour la caisse.

E*** est un ancien agent des gares ; mieux que personne, il connaît les tarifs, les circulaires, etc. C'est un modèle d'exactitude. Un jour, dans la précipitation d'un travail forcé, il omet de faire suivre un remboursement de 500 francs, et ledit remboursement est ensuite reconnu irrecouvrable. On descend E*** d'une classe pour fait d'une négligence absolument impardonnable, la Compagnie devant payer les 500 francs à l'expéditeur. Or, une classe est représentée pour lui par un supplément de traitement de 300 francs chaque année. On le laisse ainsi dix ans, si bien que les 500 francs perdus par la Compagnie lui ont ainsi rapporté 2,500 francs. Et si E*** se récrie, on l'invitera à donner sa démission et à participer ainsi à la prospérité de la Caisse.

F*** est agent à Valence à 1550 francs de traitement. Sa famille habite Saint-Étienne. Il trouve, dans cette ville, un permutant qui, ayant 1550 francs comme lui, veut bien aller à Valence. L'un et l'autre font une demande, et à tous deux il est répondu qu'on ne peut les recevoir dans leur nouveau poste qu'avec une réduction de..... sur le chiffre de leurs appointements. Si F*** n'est pas satisfait, qu'il donne sa démission ; il aura la consolation d'avoir travaillé à la prospérité de la Caisse.

G*** a des affaires de famille urgentes à traiter; il compte d'anciens services et n'a jamais demandé de congé ; ses notes sont excellentes, il est donc certain qu'on ne lui refusera pas le mois de permission qu'il demande, même sans solde, pour aller, dans sa commune natale, régler d'importants intérêts. Erreur ! le congé est refusé, refusé parce qu'on sait qu'il est rigoureusement obligé de s'absenter, et que, s'il ne reçoit pas le congé qu'il sollicite, il devra le prendre.... Et c'est ce qu'il a fait, donnant ainsi virtuellement sa démission. Nouvelle et touchante preuve de la sollicitude de la Compagnie pour sa philanthropique Caisse.

H*** voit, depuis plusieurs années, des faits semblables se renouveler fréquemment sous ses yeux ; il finit par s'indigner et s'adresse à un journal pour savoir si la Rédaction consentirait à dévoiler ces manœuvres odieuses. Sa lettre est favorablement accueillie et publiée. Il est révoqué et, selon la jurisprudence bienveillante de la Compagnie, on lui refuse le remboursement de ses avances. Mais il aura eu la satisfaction d'avoir contribué à former la pension de retraite de ceux de ses collègues qui, plus prudents que lui, ont vu les manœuvres destinées à accroître les ressources de la Caisse et se sont tus...

Citons encore un fait qui témoigne de la mauvaise foi la plus caractérisée, toujours dans le même intérêt.

Le mécanicien Frèrebeau du dépôt de Paris (Compagnie P. L. M.) arrivé à sa vingt-troisième année d'un service pour lequel on n'a eu qu'à le louer, est forcé, pour cause de santé, de penser au repos. Il adresse à ses chefs, le 8 juin 1871, une demande de mise à la retraite par anticipation ainsi conçue :

      « *A Monsieur l'ingénieur, chef de traction.*

    « Monsieur,

    « Agé de cinquante ans révolus, et parvenu à ma vingt et unième année de service, en qualité de mécanicien, je me vois obligé, mes forces n'étant plus en rapport avec les fatigues qu'impose le service que je remplis, de vous prier de me faire accorder ma retraite par anticipation, à partir du 1er *juillet* 1871.

    « Je vous serai reconnaissant de faire bon accueil à ma demande, et vous prie d'agréer d'avance tous mes remercîments.

                      « FLORIMOND FRÈREBEAU,
            « *Mécanicien hors-classe au dépôt de Paris.*

  « Paris, 8 juin 1871. »

Cette demande est suivie de la lettre ci-après :

N° 2911.   *Au chef de dépôt de Paris.*

« Je vous transmets ci-jointe une lettre du mécanicien Frèrebeau, en vous priant de vouloir bien faire observer à ce dernier que ce n'est pas sur la demande seule de l'agent que la mise à la retraite d'office peut avoir lieu.

« Il faut au moins et tout d'abord, un certificat du médecin du service, approuvé par le médecin en chef et constatant pour l'agent l'impuissance de continuer son service.

« En outre, cette demande de mise à la retraite doit toujours, d'après les instructions reçues, être adressée deux mois ou au moins six semaines avant l'époque fixée comme point de départ de la retraite.

« Pour donner suite à la demande du mécanicien Frèrebeau, il me faut donc le certificat du médecin, et remettre le point de départ au 1er octobre.

« *L'ingénieur de traction, chef de la 1re section,*

« *Signé :* Marchal.

« Paris, 10 juin 1871. »

Si, dans son effet, elle était reculée au 1er octobre 1871, l'acceptation de sa demande n'en avait pas moins eu lieu, et le mécanicien Frèrebeau en prit acte.

Cette acceptation dut être regrettée amèrement par M. l'ingénieur Marchal, car presque aussitôt après (cinq jours n'étaient pas écoulés) il faisait remettre par son chef de dépôt l'étrange lettre qui suit à Frèrebeau.

N° 2994.   *Au chef de dépôt de Paris.*

« J'ai reçu du mécanicien Frèrebeau une demande de mise à la retraite anticipée à partir du 1er juillet prochain, et datée du 8 courant.

« Cet agent étant sous le coup d'une révocation, il n'est pas possible de donner suite à sa demande.

« *L'Ingénieur de traction, 1er division,*

« Marchal.

« Paris, 15 juin 1871. »

Le lendemain ou le surlendemain, le mécanicien Frèrebeau était révoqué. Et pourquoi, sous quel prétexte ? — Parce qu'il était un des signataires de la pétition des mécaniciens et chauffeurs de France à M. le Ministre des travaux publics ! Ce fut le seul motif que purent trouver ses chefs contre lui et contre tous les mécaniciens des réseaux de France révoqués à la même époque.

Un mot maintenant sur les efforts des chefs de service pour vaincre la résistance des agents inférieurs de la traction, qui, comme on peut le présumer, mettaient peu d'empressement à opter pour la nouvelle caisse des retraites. Ces efforts sont constatés par des affiches de l'époque. Celle que nous reproduisons ci-après nous paraît les caractériser parfaitement. (Nous tenons l'original à la disposition de ceux qui seraient tentés d'en révoquer l'existence en doute.)

M. le sous-chef de traction de la 2e sous-section aux chefs de dépôts.

« Monsieur le chef de dépôt,

« Je vous adresse copie d'une lettre de M. l'Ingénieur de la traction, d'après laquelle je vous engage à démontrer à vos agents les avantages de la nouvelle caisse des retraites. *Je vous prie de me signaler ceux qui, malgré vos observations, refuseraient catégoriquement de se faire inscrire.* »

« Monsieur le sous-chef de traction,

« Je vous prie d'engager MM. les chefs de dépôts de votre sous-section à bien faire comprendre aux agents tout l'intérêt qu'ils ont à opter pour la nouvelle caisse des retraites. Ceux qui, jusqu'ici, ont hésité, n'ont certainement pas compris les avantages qui leur étaient faits, et je verrais avec peine que les intentions bienveillantes de la Compagnie à l'égard de tous les employés ne soient pas mieux appréciés par eux et accueillis avec plus d'empressement de la part des agents de mon service. Je vous engage à leur IMPOSER les bienfaits de l'administration.

« *L'Ingénieur de la traction,*

« WALH. »

D'après les règlements de la caisse, l'admission à la pension (équivalant à la moitié du traitement moyen) est subordonnée aux deux conditions suivantes : 1° Avoir accompli une période de 25 années de service actif; 2° être âgé de 55 ans. Amère dérision ! Quels sont les agents, et spécialement les mécaniciens ou chauffeurs qui peuvent arriver à leur 25me année de service ? — Bien peu, une aussi longue carrière exigeant une force, une vigueur, une organisation tout à fait exceptionnelles.

La condition des 25 années de services était déjà suffisamment rigoureuse ; pourquoi l'aggraver par celle de l'âge ? Pourquoi refuser, par exemple, à l'ouvrier qui est monté sur la machine à 21 ans, le droit à la retraite à 46 ans ?

Sait-on ce que les 25 années de service dans la traction représentent effectivement ? le voici : Mécaniciens et chauffeurs faisant en moyenne 15 heures de travail par jour, ils ont servi en réalité 37 années 1/2.

Dans l'ordre de service n° 17 du 5 mai 1864, de M. Audibert, on lit : « La dépense qui résultera pour la Compagnie des subventions qu'elle s'engage à fournir à la caisse des retraites, ne sera pas inférieure, dès à présent, à huit cent mille francs par an, et elle augmentera nécessairement d'année en année, au fur et à mesure que l'ouverture des lignes ou le progrès du trafic exigeront des accroissements de personnel. La Compagnie s'imposant une charge aussi considérable, pour assurer l'avenir de ses employés, croit donner, sous la forme la plus utile, la juste récompense du zèle et du dévouement qu'ils lui ont montrés, et elle est assurée d'avance que ce nouveau témoignage de sollicitude resserrera les liens qui l'attachent à son personnel. »

Touchante sollicitude ! La Compagnie prélevant 4 0/0 sur le traitement de ses agents, et faisant fructifier elle-même le montant de cette retenue, il peut arriver, en fin de compte, que ce soient les employés eux-mêmes qui fassent seuls les frais de leur retraite. Peut-être même restera-t-il à la Compagnie un bénéfice. Ne sait-on pas, en effet, que les Sociétés de chemins de fer sont de grandes puissances financières, qui tirent un excellent parti de leurs capitaux ? Ne sait-on pas qu'ayant constamment à leur disposition (les recettes étant quotidiennes, tandis que les payements se font à terme) des sommes considérables, elles les emploient en reports et autres opérations de bourse, ou en escomptes. La création d'une Caisse des retraites a donc pu être, pour la Compagnie de Lyon, une spéculation d'autant meilleure qu'elle s'est réservé le droit, comme nous l'avons dit, de renvoyer, quand bon lui semble, les clients de cette Caisse, auxquels elle ne rembourse, dans ce cas, que le capital de leurs versements. Ah ! si la Compagnie de Lyon eût voulu fonder une véritable institution de prévoyance, elle eût pris d'abord la précaution d'en faire discuter les bases dans une assemblée où toutes les classes d'employés ou d'agents eussent été représentées. Puis, prenant pour modèle la Caisse des retraites pour la vieillesse fondée par l'État, elle eût provoqué l'adoption d'une disposition aux termes de laquelle il eût été liquidé, à tout employé ou agent, soit démissionnaire, soit congédié, et à l'âge par lui indiqué au moment de son premier versement, une pension proportionnelle à l'ensemble de ses retenues capitalisées. Tous les intérêts eussent été ainsi sauvegardés.

S'inspirant, en outre, d'un sentiment de loyauté qui lui eût fait honneur, elle eût appelé à la gestion de la caisse un conseil composé de délégués de toutes les catégories des intéressés.

Elle eût ainsi prévenu les soupçons qui s'élèvent toujours contre l'impartialité d'une gestion dans laquelle une seule de ces catégories est représentée (1).

(1) Les retraites de l'Ouest, de l'Est et du Midi sont administrées avec le même arbitraire que celle de Lyon ; l'agent ne connaît jamais sa situation ; il peut être privé de ses droits suivant le bon plaisir de MM. les Ingénieurs.

Le Nord et Orléans ont réduit les traitements fixes; serait-ce par suite de

CHAPITRE X
Service médical.

La mesure paternelle ci-après a été appliquée autrefois dans toutes les Compagnies; quelques-unes l'ont conservée.

Les mécaniciens et chauffeurs ont droit aux médicaments et aux visites de médecins pour celles de leurs maladies qui ont été contractées dans le service, quels que soient leurs appointements, et ils reçoivent intégralement leur solde jusqu'à parfait rétablissement.

Nous demandons le retour à une disposition que justifient les dangers auxquels nous exposent nos pénibles fonctions.

Voyons ce qui se passe aujourd'hui.

La Compagnie prend un agent temporaire à la journée et lui impose un service de 17, 20, 30, 40 heures de service, par la pluie, le vent ou la neige. Vient-il à tomber malade peu de temps après son admission, il n'a aucun droit à la solde ou à la demi-solde par la raison qu'il n'a pas six mois de service!!! (Lettre-circulaire n° 90, art. 1er.)

L'agent malade a reçu un congé de trois mois par le médecin. Il reprend son service et tombe malade de nouveau. Le médecin lui donne un bulletin de congé pour maladie. Mais l'ingénieur déclare que le médecin est incapable ou se prête à une manœuvre, et que l'agent doit être renvoyé.

Voici la copie textuelle d'une circulaire d'un de nos ingénieurs à ce sujet :

« Monsieur le chef de dépôt,

« Il se trouve toujours des agents malades juste au moment où il y a un *surcroît* de service à faire. Je vous recommande la plus stricte attention dans la délivrance des bulletins de maladie, et vous invite à en refuser impitoyablement à ceux d'entre eux que vous saurez être des *carottiers*, ou cherchant à s'affranchir du service assigné. Prévenez du reste cette catégorie d'agents qu'il nous faut des mécaniciens et des chauffeurs qui puissent faire le service sans être arrêtés par des indispositions quelconques. Dites à ceux d'entre eux dont la santé est trop faible pour satisfaire à ces conditions, qu'ils seront rayés des cadres comme impropres au service, s'ils ne changent d'attitude.

« J'appelle toute votre attention sur ce point. »

L'ingénieur de traction.

Signé : CROUZET. »

A.... pour obtenir une indemnité, en raison de la création de retraites à peine supérieures à celle d'un garde champêtre? Ces retraites et le mirage trompeur d'un séduisant dividende, qui n'existe pour ainsi dire plus, ne saurait équivaloir à des réductions de salaire.

Un agent tombe malade après 12, 14, 18 ou 19 ans de service. Sa maladie est de telle nature qu'elle le rend définitivement impropre au service. Point de merci. Il doit disparaître des cadres du personnel et on ne lui rembourse que le capital de ses retenues, quelquefois avec une indemnité dérisoire. Les intérêts serviront à grossir les retraites de la catégorie des employés qui ne sont pas exposés aux mêmes dangers.

L'agent déclaré coupable d'une imprudence personnelle est congédié. Qui jugera la question de savoir s'il a réellement commis une imprudence personnelle ou s'il est victime soit d'un fait de force majeure, soit d'un excès de service ? Ce sera le chef de dépôt, statuant sans contrôle, sans discussion, sans contradiction. Il y a là un arbitraire dont aucune administration ne fournit d'exemple.

UN SEUL FAIT.

Le 15 août 1870, Tourtet, mécanicien au dépôt de Marseille depuis dix-sept ans, conduisait un train de voyageurs à la sortie d'une courbe qui avoisine un passage à niveau ; il s'aperçoit que le garde n'est pas à son poste, — les barrières sont ouvertes, un omnibus chargé de voyageurs traverve les voies ! Une catastrophe va avoir lieu. — Non, Tourtet a vu l'imminence du danger. Il renverse la marche, siffle aux freins, et grâce à son énergie dans cette brusque manœuvre, parvient à réduire la vitesse du train. Les voyageurs en sont quittes pour la peur !

Mais il n'en a pas été de même pour ce malheureux. En rentrant chez lui, il constate un affaiblissement de sa vue. Il prend les soins des médecins de la Compagnie pendant six mois, et devient complétement aveugle.

Après le siége de Paris, les mécaniciens et chauffeurs du dépôt de Marseille, connaissant la situation de leur malheureux camarade, lui fournissent les moyens de se rendre à Paris, pour consulter M. le docteur Desmarres, qui n'hésite pas à attribuer sa cécité à l'accident que nous venons de citer.

La Compagnie P. L. M., après l'avoir mis à demi-solde pendant six mois, a fini par lui offrir 3,240 francs une fois donnée (40 centimes par jour pour élever sa famille) !

Le 10 octobre 1871, Tourtet a eu une audience de M. de Larcy, qui lui a promis de s'occuper de son affaire.

Aujourd'hui, il plaide pour obtenir une indemnité, en raison de l'infirmité qu'il a contractée en exerçant courageusement ses fonctions.

CHAPITRE XI

De la responsabilité des Compagnies et de la nécessité d'un Tribunal arbitral.

On peut dire que les Compagnies rendent illusoire leur responsabilité par des procédures sans fin qui obligent les réclamants indigents à subir de misérables transactions.

En cas d'accident, elles ne manquent jamais d'alléguer l'imprudence de la victime ou la force majeure, et elles la traînent de juridiction en juridiction avant de se résigner à la juste réparation du mal que la faute de leurs agents a pu causer.

Un voyageur sans fortune, ou même un employé de la Compagnie sans autre ressource que son travail, est blessé grièvement dans un accident. Il commence par se faire soigner comme il peut ; puis, quand il a recouvré tout ou partie de ses forces, il s'adresse à la Compagnie pour lui demander une légitime indemnité. Quel qu'en soit le chiffre, il peut être certain qu'elle sera toujours trouvée exorbitante. On lui répondra (si on lui répond) ou que ses prétentions sont exagérées, ou que la Compagnie n'est pas responsable, ou enfin qu'il s'agit d'un cas de force majeure.

Si la responsabilité est évidente, on lui offre une indemnité... dérisoire ; de là procès, devant le tribunal de première instance, lequel, — c'est une justice à lui rendre, — quatre-vingt-dix-neuf fois sur cent, condamne la Compagnie à des dommages-intérêts sérieux.

Six ou huit mois se sont écoulés ; la victime obtient enfin justice ; elle se croit sauvée ; elle a vécu jusque-là, elle et sa famille de privations cruelles ; elle va pouvoir enfin acheter le pain de chaque jour. Mais la Compagnie, qui ne manque de rien, elle, qui a des millions au service de son contentieux, n'exécute pas le jugement et forme appel. Un an, quinze mois s'écoulent. Enfin la cour prononce un arrêt qui confirme, ou même élève le chiffre d'indemnité fixée par les premiers juges. Tout est bien alors, et force reste à la justice.

Mais, avant ce résultat, que de souffrances, que de sacrifices et combien d'ouvriers et de voyageurs rendus infirmes pour la vie, ne peuvent atteindre ce certain mais trop lointain succès ! alors, pris par la famine, par des besoins de toutes sortes, sachant que, s'ils plaident contre leur tout-puissant adversaire, il leur faudra avancer honoraires d'avoués, d'avocats, droits de greffe, de timbre, d'enregistrement et attendre dix-huit mois ou deux ans, ils préfèrent transiger avec la Compagnie qui, abusant de la situation, paye une indemnité ressemblant plutôt à une aumône qu'à la réparation équitable du préjudice causé.

Quand on pèse toutes ces considérations, on comprend ce qu'avait de juste et d'humain la proposition de MM. de Janzé, Raoul Duval, Jules Brame, Quinet, Tirard et Houssard sur la création d'un tribunal arbitral chargé de juger les différends des agents de la traction avec les Compagnies.

Sans nul doute, une ferme et sévère discipline est indispensable pour la garantie d'un bon service, pour la sauvegarde de la vie des voyageurs; mais il n'en est pas moins certain qu'une juridiction d'hommes possédant des connaissances techniques et professionnelles, serait éminemment désirable.

Il est également facile de reconnaître ce qu'ont d'injuste ces suppressions de salaire (amendes) à l'ordre du jour dans les Compagnies, qui sont destinées à alimenter un fonds de gratification, aux avantages duquel ne participent jamais les mécaniciens et chauffeurs. On comprend également combien ces condamnations pécuniaires sont iniques, quand on songe qu'elles sont prononcées sans que l'intéressé ait été admis à se défendre.

D'un autre côté, nous avons prouvé que les renseignements fournis par les Compagnies à la commission d'initiative parlementaire étaient erronés, notamment en ce qui concerne cette prétendue moyenne de 83 centimes de retenues ou d'amende en cinq ans par agent.

Nous avons démontré que retenues et amendes sont appliquées sans contrôle, et que mécaniciens et chauffeurs sont exposés à être renvoyés sans motif et à perdre le montant des retenues opérées sur leur traitement, c'est-à-dire le fruit de toute une vie de travail par l'effet d'une mesure qui peut les atteindre la veille même du jour où leur droit est acquis à la pension de retraite.

Cette mesure est, en outre, une sorte de mise hors la loi, les Compagnies s'interdisant de recevoir, après l'âge de 30 et 35 ans, les agents qui quittent, par une raison quelconque, leur service respectif. De là, pour eux, la nécessité d'une émigration à l'étranger, ce qui équivaut à un bannissement.

Peut-on, dans l'intérêt de l'ordre public, admettre ce principe, soutenu par la Compagnie de l'Est dans le procès Hulot, que les mécaniciens sont classés parmi les ouvriers ordinaires, libres de quitter, quand bon leur semble, les Compagnies de chemins de fer, et de même que celles-ci sont libres de congédier à leur gré leurs agents, sans avoir besoin de justifier d'aucun motif et de les priver de la retraite acquise par des retenues faites sur leurs salaires, — quand, quinze jours auparavant, la même Compagnie soutenait, avec une égale assurance et devant le même tribunal, pour faire casser un jugement des prud'hommes, que les mécaniciens ne sont pas des ouvriers ordinaires, mais de véritables ingénieurs ?...

Cette tactique est plus grave qu'on ne pense et appelle toute l'attention de la législature.

Dénier aux mécaniciens et chauffeurs privés d'un tribunal arbitral, une juridiction à bon marché, c'est leur refuser le droit commun, c'est les livrer pieds et poings liés aux Compagnies.

Le meilleur tribunal, le plus apte à juger leurs contestations avec les Compagnies, serait certainement celui qui serait composé de deux arbitres, nommés par chacun des adversaires, et présidés par un tiers arbitre que désignerait un magistrat, représentant ici l'intérêt général.

Ils demandent, en conséquence, ou bien une loi qui rende le juge de paix du lieu de chaque dépôt compétent pour statuer sur leurs conflits avec les Compagnies, avec l'adjonction de deux arbitres, dont un choisi par chaque partie, ou bien une section de prud'hommes dans chaque section de traction de chemin de fer, composée de :

1° Un ingénieur des mines ou des ponts et chaussées, représentant l'intérêt général ;

2° Deux agents représentant les intérêts des Compagnies ;

3° Deux agents représentant les intérêts des mécaniciens et chauffeurs.

Si la législature n'osait aller jusque-là, ils demanderaient a proclamation de ce principe : « Que, dans les répressions, les pénalités ne puissent jamais aller jusqu'à priver le mécanicien ou le chauffeur de ce qui lui est indispensable pour vivre lui et sa famille. »

P.-S. — Ces lignes étaient écrites, lorsque nous avons appris une triste nouvelle, qui ne confirme que trop, hélas ! la légitimité des considérations qui précèdent.

Le sieur Cohad, pilonnier aux ateliers de P. L. M., père de deux enfants, soutien de sa vieille mère, a eu le poignet coupé il y a un an. Il a demandé une indemnité, que naturellement la Compagnie lui a refusée. Après de longues démarches, il a enfin obtenu l'assistance judiciaire et entamé un procès. L'affaire traînant en longueur, la misère du malheureux Cohad devient de jour en jour plus cruelle. Bientôt, il ne lui reste plus rien à engager au Mont-de-Piété, et son beau-frère ne peut que très-difficilement continuer à partager son pain avec lui. Il y a quelques jours, Cohad, incapable de résister plus longtemps au spectacle navrant des privations qu'endurent les siens, et désespérant de la justice, qui n'arrive pas, s'est jeté à la Seine. Son beau-frère, ayant voulu le sauver, s'est noyé avec lui.

CHAPITRE XII

Réorganisation du service au point de vue de la sécurité publique.

Le contrôle de la sécurité publique sur les chemins de fer, organisé comme il l'est aujourd'hui, est absolument illusoire.

Par des économies mal entendues, les Compagnies en sont arrivées à exiger, de leur matériel et de leur personnel, un service des plus dangereux pour les voyageurs. Des mesures énergiques deviennent urgentes, si l'on veut arriver à prévenir le retour des catastrophes qui ont affligé le pays.

Chacun de MM. les ingénieurs en chef des divers réseaux a la prétention d'avoir les meilleurs signaux pour assurer la sécurité dans son service ; il serait à désirer qu'une autorité supérieure choisît ceux qui offrent réellement le plus de garanties, et les imposât à toutes les autres lignes.

Les dispositions ci-après nous paraissent être celles qui concilient le mieux tous les intérêts :

PERSONNEL ET TRACTION. — *Elève chauffeur.* — 1° Nul ne pourra monter sur une machine, s'il ne justifie d'un livret de capacité d'ouvrier monteur ou ajusteur ;

2° Il devra être adjoint aux mécaniciens de gare pendant au moins deux mois ;

3° Il ne pourra être adjoint aux mécaniciens sur la ligne sans avoir été examiné sur les règlements concernant les signaux (ces examens seront faits en présence de l'agent du contrôle dont il sera parlé ultérieurement) ;

4° Nul ne pourra être admis à conduire une machine, sans avoir fait un stage d'une année comme chauffeur, et avoir été soumis à un examen pratique par un chef mécanicien et un agent du contrôle ;

5° Il recevra sa commission du ministre des travaux publics ;

6° Deux fois par mois, des conférences seront faites dans les Dépôts, afin d'initier le personnel aux connaissances qu'exigent les mesures à prendre en cas d'avaries de machine, de déraillement et collision ;

7° Les chefs ou sous-chefs de Dépôt présideront ces conférences, et l'agent du contrôle y assistera, autant que son service le lui permettra.

CONTRÔLE. — Les emplois de Commissaire de surveillance administrative sont généralement accordés, à titre de faveur, à d'anciens militaires. Nous ignorons s'ils sont en mesure de sauvegarder les intérêts du commerce ; mais quant aux connaissances nécessaires pour surveiller efficacement le service de la traction et prévenir ainsi la plupart des accidents, nous pouvons affirmer qu'ils ne les possèdent pas.

D'un autre côté, si le service des mines fournit des agents au contrôle, ceux-ci ne possèdent généralement que la théorie des machines.

Il serait donc nécessaire de recourir à des praticiens, à d'anciens mécaniciens, par exemple, ou chefs de Dépôt qui seraient chargés de la surveillance du personnel, du matériel et du service de sécurité.

Nous avons déjà, dans quelques-uns des chapitres qui précèdent, démontré l'utilité d'un contrôle sérieux ; mais il nous paraît surtout indispensable en ce qui concerne : la visite quotidienne des registres relatant les causes des retards, des avaries, des réparations demandées par les mécaniciens ; la surveillance de celles de ces réparations qui touchent directement à la sécurité publique, la surveillance au point de vue de l'excès de travail imposé aux mécaniciens et chauffeurs (ce qui sera très-facile par l'adoption des livrets de présence) ; la surveillance des innovations introduites dans la construction des machines et dans les ateliers.

Chaque dépôt devrait avoir un registre coté et paraphé par le service du contrôle. Ce registre mentionnerait les observations des mécaniciens sur les causes des retards d'accidents, et les demandes de réparations aux locomotives et tenders.

Les chefs de dépôt devraient envoyer, chaque jour, une copie exacte de toutes ces observations au service du contrôle.

Sans ces mesures, le contrôle des chemins de fer continuera à rester illusoire et les accidents ne s'arrêteront pas.

Quant au nombre des agents du contrôle attachés à une section, il serait de 1 pour 50 machines. Leur traitement serait suffisamment élevé pour les rendre indépendants des Compagnies.

CHARGES DES MACHINES. — Ces charges devraient être déterminées de telle sorte que les locomotives puissent les remorquer à la vitesse réglementaire dans les rampes; les mécaniciens cesseraient ainsi d'être obligés, en descendant ces rampes, de marcher à des vitesses excessives et compromettantes pour la sécurité publique.

Il conviendrait de graduer la charge des machines en faisant des expériences par un beau et par un mauvais temps, et de tenir compte de la qualité du combustible employé. Avec un mauvais combustible, en effet, la vaporisation n'est pas constante, et il est nécessaire, lorsqu'on s'en sert, de réduire la charge pour obtenir, sur tout le parcours, la vitesse prescrite.

Dans les fortes rampes, on ne devrait jamais donner à un train une charge supérieure à celle que doit traîner une seule machine, de telle sorte que, si le train est poussé en queue par une machine de renfort, elle puisse modérer la force d'inertie, en cas de rupture d'attelage près de la machine de tête (accident de Villefort; trois hommes tués).

VITESSE. — Il y a lieu de réduire la vitesse de certains types de machines. Les accidents d'Entressen, de Pont-Mort, Créchy, Champigny en démontrent l'urgence.

FREINS. — Leur entretien laisse beaucoup à désirer sur la plupart de nos lignes ferrées. La contre-vapeur, employée comme frein, a de nombreux inconvénients; non-seulement son effet est nul pour modérer la vitesse de certaines machines, mais elle détériore le mouvement et occasionne des ruptures.

La Compagnie P. O. est celle où les freins sont le mieux entretenus et où un train, par suite de cette précaution, est arrêté dans le plus court espace.

GRAISSAGE ET RUPTURES D'ESSIEUX. — Le nombre des déraillements pour cause de ruptures d'essieux s'est élevé à 28 par mois sur le réseau P. L. M. Ces ruptures, qui ont occasionné les accidents de Saint-Benoît et Champigny, doivent être attribués à la vitesse imprimée à des essieux supportant des charges de 8,000 à 10,000 kilogrammes. Les wagons à marchandises sont aussi manœuvrés au *lancé* dans les gares; on emploie même des chevaux à cet usage. Dans l'arrêt, aux plaques tournantes, au moyen des coins à main, les arrêts sont brusques et de nature à fausser les essieux.

Le graissage à l'huile est le meilleur ; avec la graisse, il faut que la fusée chauffe pour qu'elle puisse se débiter. Or, il arrive souvent que, par le fait de la graisse, la boîte qui paraît pleine est réellement vide, et la fusée grippe avant d'être graissée.

Généralement, quand un échauffement a lieu, on recourt au refroidissement par l'eau, on *saisit* ainsi la fusée ; une contraction se produit et les fibres du fer se modifient. Or, comme ses fusées ne sont pas souvent visitées, il en résulte des ruptures au moment le plus imprévu.

Les fusées d'essieux devraient être visitées tous les six mois. Dans le cas d'un échauffement entre des gares où il ne se trouve pas de graisseur, les roues fonctionnent sans être graissées.

C'est encore la Compagnie P. O. qui a, sous ce rapport, la meilleure organisation. Le graissage y est à l'huile ; un graisseur accompagne chaque train sur tout son parcours, examine ses boîtes à chaque arrêt, et veille à celles qui menacent de chauffer.

Indépendamment de cette fonction, il est utilisé comme serre-frein ; il contrôle aussi les heures portées par les chefs de trains et les gares ; ce qui empêche toute contestation avec le service du mécanicien et celui des gares.

Cette organisation, qui assure le plus de sécurité, devrait être imposée aux autres Compagnies.

Signaux. — Le meilleur moyen, à notre avis, de prévenir les collisions, serait d'imposer aux Compagnies l'usage du télégraphe Tyer qui est très-simple et peu dispendieux. — Avec cet appareil, aucun train ne peut être expédié d'une gare avant que le train précédent ait dépassé le poste voisin. — La distance entre chaque poste ne devrait pas être de plus de 6 kilomètres.

Les disques de protection des gares et les disques des postes Tyer devront être munis du sifflet automoteur (système de M. G. Pilon).

Aussitôt qu'un mécanicien rencontre un disque de gare ou de poste Tyer à l'arrêt, il doit arrêter son train, et, pour éviter une perte de temps, le conducteur-chef monte sur la machine et le pilote jusqu'au premier croisement de la gare ou au poste-tyer.

Avec l'adoption de ces signaux, les collisions sont impossibles.

Gardes de ligne. — Le système d'éclissage et le rail Vignol a augmenté la sécurité dans la construction de la voie, mais aujourd'hui encore, la partie courbe d'une voie ferrée s'exécute d'une façon très-approximative : la pince et le marteau, voilà les outils employés. Que résulte-t-il d'un semblable procédé ? Au lieu d'une courbe continue et bien définie, vous n'avez qu'une série de parties rectilignes raccordées entre elles suivant des angles obtus et formant un polygone plus ou moins régulier. Supposez maintenant une roue de locomotive marchant sur une voie semblable; son boudin ne s'appuiera pas uniformément contre le rail; il sautera d'une partie rectiligne à une autre, en donnant à toute la machine ce mouvement désagréable et dangereux que l'on nomme *Lacet*. Le boudin s'usera, le rail en fera autant, et le matériel fixe et roulant sera bientôt hors de service.

Voulez-vous éliminer du même coup ces inconvénients et ces dangers? Supprimez la cause, c'est-à-dire le mauvais cintrage. Avec des courbes bien faites, plus d'usure rapide du matériel, plus de choc, plus de mouvement latéral; vous avez réalisé en même temps une économie énorme et assuré le bien-être du voyageur; vous avez supprimé cette chance de rupture des roues et des essieux, dont la cause bien connue est due aux vibrations, et vous avez diminué d'autant le nombre déjà si considérable des accidents.

Telles sont les conséquences d'un cintrage bien fait.

La machine Rogé a résolu le problème de la façon la plus heureuse; elle cintre mathématiquement les rails suivant le rayon de courbure donné; elle redresse aussi, avec une grande précision, les rails tordus ou faussés en tous sens, ainsi que l'ont constaté divers ingénieurs des lignes de Lyon et d'Orléans et des chemins de fer romains; elle réalise enfin une grande économie pour les Compagnies ou les entrepreneurs en cintrant deux fois plus de rails avec cinq fois moins d'ouvriers.

On comprend de quelle utilité cette machine peut être dans la construction des chemins de fer départementaux où les fortes rampes et les courbes à faible rayon vont abonder.

RÉORGANISATION AU POINT DE VUE ADMINISTRATIF. — La centralisation excessive a cet inconvénient, disons mieux, ce danger que le directeur étant responsable de tout, n'est en réalité responsable de rien.

Ce que le législateur a le droit d'imposer, c'est que chaque section ait un ingénieur appelé à répondre des accidents, comme le capitaine qui perd son navire.

Une société n'est réellement bien organisée que lorsque la responsabilité des agents est proportionnelle à l'étendue de leurs pouvoirs.

CHAPITRE XIII

Procédés respectifs des Compagnies, des Mécaniciens et des Chauffeurs.

Quelle a été, dans son ensemble, la conduite des mécaniciens ? Depuis plusieurs années, toute demande relative à leur situation, présentée par voie hiérarchique, était suivie de descentes de classe et de révocations. La descente de classe, c'est la misère dans la famille ; la révocation, en présence du concert des diverses Compagnies fermant impitoyablement la porte de leurs ateliers à tout employé révoqué, c'est la nécessité de se créer, et presque toujours trop tard, une nouvelle carrière, ou d'aller offrir ses services à l'étranger. Dans ce dernier cas, c'est indirectement le bannissement.

En 1869, la situation est devenue si grave, les catastrophes se multiplient si rapidement, que 34 mécaniciens signent une première pétition au ministre. Elle est arrêtée au passage et quatre des signataires sont révoqués.

Mais le péril grandit.

Vers octobre 1870, et pendant ce rude hiver de 1870-71, alors que les compagnies touchées des efforts et des travaux excessifs du personnel de la traction, lui promettent des récompenses, — les mécaniciens et chauffeurs croient le moment propice de faire valoir leurs légitimes réclamations.

Il leur eût été facile de profiter de la liberté absolue de discussion qui régnait alors, pour récriminer publiquement contre leurs Compagnies. Ils ne voulurent pas recourir à un pareil moyen d'action, pour éviter tout scandale, ils résolurent d'exposer leurs griefs à MM. les présidents d'administrations, particulièrement intéressés à connaître certains vices d'organisation par suite desquels les chefs de service sont amenés à se préoccuper beaucoup plus de leurs intérêts personnels que de ceux du public.

Que pouvaient craindre les Compagnies de l'enquête demandée par ces agents ? De deux choses l'une : ou la légitimité de leurs griefs en sortait avec une incontestable évidence, et, dans ce cas, il était, pour elles, de la plus rigoureuse équité d'y faire droit ; ou, au contraire, elle en démontrait l'inanité et ils n'avaient plus alors qu'à se soumettre et à se taire.

La capacité supérieure des présidents des conseils d'administration devait faire espérer aux mécaniciens que la sagesse de leur démarche serait appréciée et qu'il ne serait pas nécessaire de saisir le ministre compétent. Dans cette pensée, généralement partagée, un projet de pétition est élaboré *au mois d'octobre* 1870 ; il importe de retenir cette date dont l'exactitude est démontrée par des attestations, des plus honorables d'ailleurs, de MM. Périnelle et Dumas, conseillers municipaux de la ville de Paris.

Plus tard, le 10 de mars 1871, ce projet est expédié dans tous les dépôts de France et soumis à l'approbation des mécaniciens et chauffeurs, tous invités à y joindre leurs observations. Vers la fin de ce mois, de toutes les parties de la France, les adhésions arrivent, avec la demande, par plusieurs dépôts des divers réseaux, de quelques modifications à la pétition.

La création d'une caisse de secours pour les veuves et orphelins des agents de la traction, abandonnée par les Compagnies, est également projetée, et chaque dépôt est invité à donner son avis sur le projet des statuts.

L'impossibilité, pour les mécaniciens, de se réunir sans troubler le service, impliquait la nécessité de procéder à l'élection de délégués chargés de représenter les intérêts de leurs collègues. Instruits des démarches qui se font dans ce sens, nos adversaires profitent d'un mouvement général et énergique de réaction contre de douloureux excès, pour inventer contre nous l'odieuse calomnie d'une participation active à la Commune. Ils révoquent en même temps, sans explication préalable, sans enquête, sans jugement, 80 mécaniciens et chauffeurs. Ils saisissent, en outre, la justice ; mais elle ne tarde pas à reconnaître le mal fondé des dénonciations dont nous avons été l'objet, et rend des ordonnances de non-lieu.

A leur tour, les mécaniciens et chauffeurs, injustement révoqués, saisissent de leurs légitimes réclamations le Tribunal des Prud'hommes et le Tribunal de Commerce.

Le premier, après examen des contrats imposés par les Compagnies aux agents de la traction, les flétrit de la qualification de *contrats léonins*.

Le second (affaire Hulot) condamne la Compagnie de l'Est et déclare qu'elle a violé ses engagements.

L'Assemblée nationale est appelée à examiner une demande relative à la création d'une juridiction prompte et peu coûteuse, la lutte devant la juridiction ordinaire du mécanicien pauvre contre une Compagnie puissante constituant, en fait, une énorme iniquité. Elle rejette, il est vrai, la proposition dans ce sens de M. de Janzé et autres députés ; mais cette proposition n'en obtient pas moins l'imposante minorité de 192 voix.

A ce moment, les grèves de mécaniciens s'étendent et se généralisent en Allemagne, en Angleterre, en Espagne, etc. En France, au contraire, les mécaniciens et chauffeurs, protégés énergiquement par l'opinion publique et par la presse sans distinction de parti, poursuivent résolûment leur lutte pacifique devant les tribunaux et le Corps législatif.

Aussi, les Compagnies, inquiètes des investigations de la justice, ont-elles pris, dans ces derniers temps, une résolution d'une gravité qui appelle l'attention du législateur et du pays.

Lors du procès Hulot (1871), la Compagnie de l'Est avait tenté de justifier, devant le tribunal, la légitimité du renvoi de son employé. Hier, dans les procès qui viennent de se plaider, le 6 août, à Marseille, le 7, à Nîmes, le 8, à Arles, le 14, à Nice, la Compagnie P. L. M., désespérant de pouvoir rien prouver d'équitable, a posé des conclusions par lesquelles elle soutenait qu'elle n'avait aucun compte à rendre à la justice et que sa volonté seule faisait loi sur ces sortes de conventions. Elle alléguait qu'elle voulait éviter, par là, des discussions qui pourraient être scandaleuses. M. Eugène Delattre, avocat des mécaniciens, après avoir réfuté cette hérésie juridique, ajoutait :

« Voilà qui est clairement exprimé dans vos conclusions ; vous cherchez à éviter le scandale et vous voulez vous placer au-dessus de la justice.

« Vous avez peur du scandale, et pour qui, s'il vous plaît ? Nous, nous ne craignons pas le regard du juge. Il n'appartient qu'aux maladies honteuses de chercher l'ombre ; il n'y a que les malhonnêtes gens qui redoutent la justice, et nous ne sommes pas de ceux-là.

« Et, audacieusement, vous voulez vous placer au-dessus des tribunaux ! Vous l'écrivez, vous le dites, et depuis huit jours vous le répétez à Marseille, à Nîmes, à Arles, à Nice. Jamais, sachez-le bien, non jamais la féodalité du moyen âge n'a émis de théories aussi tyranniques que celle qu'étale la féodalité financière d'aujourd'hui ! Vous placer au-dessus des lois ! Ah ! il avait bien raison, ce grave magistrat de la Cour de Cassation, qui disait, en 1848 :

« Il n'y a pas à redouter que l'État soit trop puissant contre les « chemins de fer, mais bien plutôt que ceux-ci deviennent trop forts « contre l'État. »

« Il avait prévu, il y a vingt-quatre ans, ce qui se passe aujourd'hui, mais sa perspicacité n'avait pas osé entrevoir qu'après avoir dominé l'État, vous tenteriez de dominer la justice. Folle témérité, cette fois ! Vous vous briserez dans ce dernier coup d'audace. Les juges appliqueront la loi, proclamant que les conventions ne peuvent être résiliées, à défaut du consentement mutuel des parties, que par la sentence du juge (art. 1184).

« En cela, ils agiront avec la même fermeté que les juges d'il y a cent ans vis-à-vis des seigneurs. Ouvrez le traité du contrat de louage de l'année 1771 ; vous y lirez, à la page 163, que le maître n'avait pas le droit de congédier son domestique avant le temps convenu, sans motifs légitimes, et que le juge avait le droit de forcer le maître à le reprendre, en exigeant de celui-ci l'engagement qu'il le traite avec douceur. Or, notre loi est aussi prévoyante, aussi humaine et plus précise. Et vous, qui tout à l'heure faisiez allusion aux choses de l'ancien régime, savez-vous comment la civilisation avait conquis cette législation, sauvegarde des travailleurs? Elle fut le produit du travail des communes et de la ténacité des légistes, concentrant leurs efforts autour de la justice du roy, pour détruire la féodalité du moyen âge. Et, aujourd'hui, notre honneur à nous sera de nous presser auprès des magistrats de la République, pour briser cette nouvelle féodalité financière qui met la main sur le génie de l'industrie moderne pour faire reculer la civilisation. »

Paris. — Typ. Rouge frères, Dunon et Fresné, rue du Four-Saint-Germain, 43.

www.ingramcontent.com/pod-product-compliance
Ingram Content Group UK Ltd.
Pitfield, Milton Keynes, MK11 3LW, UK
UKHW020030100726
13658UKWH00003B/1228